幽默一笑

過生活

暢銷心靈作家 何權峰◎著

高寶書版集團

生活勵志 035

幽默一笑過生活

作　　者：何權峰
總 編 輯：林秀禎
編　　輯：陳靜修
出 版 者：英屬維京群島商高寶國際有限公司台灣分公司
Global Group Holdings, Ltd.
聯絡地址：台北市內湖區洲子街88號3樓
網　　址：gobooks.com.tw
電　　話：(02) 2799-2788
電　　傳：出版部(02) 2799-0909　行銷部 (02) 2799-3088
郵政劃撥：19394552
戶　　名：英屬維京群島商高寶國際有限公司台灣分公司
初版日期：2007年10月
發　　行：希代多媒體書版股份有限公司 / Printed in Taiwan

國家圖書館出版品預行編目資料

幽默一笑過生活/ 何權峰 著-- 初版.
-- 臺北市：高寶國際, 2007.10
面； 公分. — (生活勵志 ；HL035)

ISBN 978-986-185-231-7(平裝)
1. 幽默 2. 生活指導

185.8　　97017774

〈作者序〉

幽默一笑過生活

你有沒有懷疑過為什麼人長大以後，就失去了歡樂和喜悅？為什麼長大以後，生活會有那麼多的煩擾和不快樂？

那是因為大人都太嚴肅了，當人長大以後，就失去了遊戲的心情、包容的胸懷，更重要的是失去了幽默感。沒有遊戲的心情，就會對成敗得失難以釋懷；沒有包容的胸懷，就不可能包容異己，大而化之；沒有幽默感，就很難苦中作樂，對世事一笑置之。這樣當然很難快樂。

當我們過於嚴肅地看待人事物時，輕鬆就變得緊張、有趣變成了無聊、喜悅就變痛苦、平和變成暴躁……這樣又怎麼可能歡樂和喜悅呢？

所以，學習幽默已成了一種趨勢，人人都希望用幽默的力量來改變僵硬、刻板的個人形象、改善人際關係，進而改善單調無趣的生活。在美國、日本這幾年還興起一種補習班，叫做「微笑補習班」，許多人還繳費去學習微笑，那是因為欠缺幽默感，人們早就忘記應該怎麼笑了。

其實呢，只要會笑，就有幽默感。笑的能力與生俱來，也就是說人人都有幽默感，欠缺的只是表達和欣賞幽默的能力。

那該怎麼開始？就從看笑話開始吧！這本書中舉了大量的幽默事例、笑話，讓我們知道再糟糕的人，也有好笑的一面；再嚴重的事，也有趣味的一面；笑料是無所不在的。

有人或許會問：「光是笑有什麼意義？」事實上，光是笑就有意義。生命有苦沒有樂，有哭沒有笑，有何意義？

想想小孩的微笑，只要有歡笑，就會發現其實身邊是可親的美麗世界，幸福其實一直在我們左右沒有遠離。

當你笑了，你就可以跳脫視野，用超脫的眼光去衡量、判斷、反應，不會囿陷於自我的框框，也不會以自己為中心看世界。只要你笑，世界都會跟著你微笑，這是多美好的一件事。

英國劇作家王爾德（Oscar Wide）說得對：「生命太嚴肅了，切莫當真。」生命本身是如此的負擔，請讓自己放輕鬆一點，不要給自己添加更多的麻煩，好嗎？

幽默一笑，就像是一位老人看著小孩嬉戲，我們需要看穿自己看待事情的那份嚴重性。無論小孩把自己的遊戲看得多認真，老人都會覺得有趣而會心一笑 我們應該學習用同樣方式來看待問題。

沒錯，只要笑笑就好！

目錄

目錄

不先下手，咱們就要死了！

——事實未必是真相，「真相」很可能只是「想像」。

一位太太打電話給建築師，說每當火車經過時，她的睡床就會搖動。

「這簡直是無稽之談！」建築師回答說，「我過去看看。」

建築師到達後，太太建議他躺在床上，體會一下火車經過時的感覺。

建築師剛上床躺下，太太的丈夫就回來了。他見此情形，便厲聲喝問：「你躺在我的床上幹什麼？」

建築師戰戰兢兢地回答：「如果我說是在等火車，你會相信嗎？」

這……很難相信，對嗎？

絕大多數人其實都非常的「主觀」，因為我們都是以自己的所見所聞，以自己的主觀感受來評判事情，認為「事情就是那樣，絕對錯不了的！」卻很少靜下心來思量：「真的是這樣嗎？」

有一則發生在中東的故事：有一次有位道德家路過一座森林，他看見一個人在河邊，搖搖晃晃地走著，看起來像是一名醉漢，他身旁還帶了一個女人，所以道德家立刻斷定，為什麼這個人會帶女人到這裡？他帶著那個瓶子裡面一定是酒。酒加上一個女人，又在荒郊野外。經過分析，事情已經非常清楚，他認為他已經非常了解眼前的情況了。

然後就在此時，河邊正好有一艘船不慎翻覆，那個道德家沒勇氣跳下湍急的水中救人，但是那個「醉漢」馬上就跳下河去救那些人，最後他把所有的人都救上岸。

這時，道德家開始覺得困惑，他本來認為這個人是一個醉漢、一個不道德、一個下流的人，但是他卻做出如此良舉來，甚至連自己沒有勇氣去做的事情。

接下來，他看到那名女人揭下了面紗——她是一個相當年邁的婦人，這才意識到她可能是那個人的母親，而「酒瓶」其實原來是空的，他們是到河邊來汲水的。

作家艾斯（Goodman Ace）曾有這麼一段妙喻，當你暗夜走在街上，看見某扇窗亮了一盞燈。也許有人會說：「這一定是有人在為深夜未歸的子女在禱告。」也有人會說：「老天呀！一定是有人在偷情！」

人是經驗的動物，我們對事物的看法，經常是被我們過去的經驗系統所限制或扭曲，所以許多被我們「認定」的事實，往往只是個人的偏見罷了，主觀愈強的人，偏見就愈深，於是人與人之間的衝突與猜忌，於焉而生。

《三國演義》中有一則描寫的曹操誤殺呂伯奢一家的故事，相當具有借鑒作用。

話說曹操刺殺董卓未成，便與陳宮一道投奔曹父的義兄呂伯奢家求宿。呂伯奢則熱情款待。

待曹操坐了一陣，忽然聽到後院傳來磨刀霍霍聲，於是，與陳宮躡手躡腳接近後院，進了後院，只聽得有人說：

「捆綁起來再殺！」

曹操對陳宮說：

「不先下手，咱們就要死了！」

說著，便與陳宮拔劍衝了過去，見一人便殺一人。他們搜尋廚房，這才看見那裡有一隻捆綁起來等待宰殺的豬。

事實未必是真相，「真相」很可能也只是「想像」。

有個妻子喜歡慢跑，但常有些狗向她亂叫。丈夫非常貼心，每當妻子跑步時，就會騎著自行車尾隨在後，手裡拿著一根木棍，以便打狗。

一日，一位司機看到這一幕，看著前面跑著的妻子，又看到手持木棍的丈夫，不禁叫道：「這是家暴呀！」

沒錯，事情常常不是你以為的那樣。

會心一得：

麥克說：「波特！老兄啊！你怎麼搞的？眼圈黑了這麼一大片？」

波特搖搖頭說：「我真是衰到家了！我在哈莉家，正擁著這可人兒跳著舞，她父親卻走了進來。」

「她父親認為跳舞是一件邪惡的事，於是就賞了你一拳，是不是啊？」

「非也！麥克！他老人家耳聾啦，根本就聽不到音樂。」

感覺也許是真實的，但是事實卻經常被蒙蔽。因此，在你確定事實的全貌之前，千萬別輕易下定論。

糟了！鮮奶已經過期了！

——每當事實不符合自己的期待，人們往往就會製造出幻象。

小李有個毛病，一坐下來，腿總是會不由自主的晃動，到了陌生的環境更是如此。

一天上選修課時，數個班級的學生們集中到一個大教室裏上課，坐在小李身旁的是別班一個漂亮的氣質美女。上了一會兒課，小李忽然發現，身旁那位美女每次一寫完重點，都會偷偷地瞄他一眼。小李不禁開始心跳加速，但仍然裝作很專注地看著黑板，只用眼睛的餘光，偷看她的動作。那女生看他的頻率逐漸增加了，最後，乾脆放下筆，一直盯著他。

小李感覺臉有點發熱，幸福感滿溢心頭。這時，忽然聽她低聲說：「拜託，你的腿別再晃了好嗎？桌子一晃，我就沒辦法寫重點了！」

原來，這小李是「惹人厭」，還以為人家對他「有意思」。

我們都可能將我們自己創造出來的想像，投射到周遭的人或事上面。而想像所投射的，多半是自己的期望、欲望和欠缺的部分。

比方，希望被別人重視的人，會特別在意他人的眼神和話語；期待被喜歡的，就會特別在意別人是否喜歡自己；依此類推，一個「欠缺愛」的人，就把別人不經意的言行舉止幻想成是對自己「示愛」，幻象總會出現在人感最自卑的地方。

有個男人，他外號叫「排骨」，因為他長得非常瘦，看起來很憔悴，所以他的社交生活很吃不開。

有一天晚上，為了打發無聊，他逛進紐約的小義大利裡的一家小酒館。他可真是「出運了」，他居然跟一名叫羅莎的女子聊得十分愉快。羅莎是一名離了婚的義大利女子，極富異國風情和女人味，當她邀請他到她家的時候，他幾乎興奮得快暈過去。

到了她家，她害羞的對排骨先生說：「能不能請你把衣服脫光，先在房間裡等我。」

排骨立刻將衣服脫光，等她回來。

五分鐘後，那個義大利女人帶著一個六歲的小男孩走了進來，她指著排骨大聲說：「你看，如果一直挑食的話，你以後就會長得跟他一樣。」

什麼是「幻象」？把不真實的視為真實就是幻象。

你是否曾觀察到，每當事實不符合自己的期待，人們往往就會自製幻象—用想像扭曲事實。那就是為什麼總會有人一廂情願、自作多情……

近幾年，孩子們通常只記得母親節，幾乎忘了父親節的存在。

又到了一年一度的父親節，家裡頭一樣沒有任何人提起，爸爸內心不禁有點失落，仍默默坐在餐桌前與家人們用餐。

這時，孩子朝冰箱走去，打開冰箱拿東西後，神秘的問著爸爸：「爸爸！你知道今天幾號嗎？」

爸爸心中竊喜，歷經多年的煎熬，孩子終於記起父親節了，他假裝若無其事地回答：「今天是八月八號，有什麼事嗎？」

孩子沮喪地說：「糟了！鮮奶已經過期了！」

原來，又是自己在自作多情。

「真相」和「想像」是不是差別很大？

其間的差別就是所謂的「幻象」。幻象就是真相和想像之間的落差。下面這則故事許多人應該聽過：

一位大腹便便的孕婦，腳步緩慢地上了公車，走了兩三步後，就看到一個小學生，很乖地站起來，想要讓位給她坐。

這孕婦看著可愛的小學生，年紀還很小，覺得不必特別讓位給她坐，所以就對小男孩搖了搖頭、微笑地說：

「不用了，你坐下，你坐就好。」

於是小學生乖乖地坐下來。

過了一會兒，小男孩又站起來，似乎想讓位給孕婦，可是孕婦還是很客氣說，「嗯，我說不用了，你很乖，你坐就好了！」

孕婦一邊說，一邊用手輕壓小學生的肩膀，示意他不需要讓位，而小學生也只好坐回位子。

又過了幾分鐘，小學生又再度站起身來，看來非要讓位不可。可是這位孕婦仍然客氣地說：

「小弟弟，真的不用，我可以自己站，你很乖，你坐就可以了！」孕婦一邊說，一邊再用手輕壓小學生的肩，要他坐下來！

此時，小男孩一臉愁容，又有點委屈地嘟著嘴說：

「阿姨，如果妳再不讓我下車的話，我家就快要過了三站了！」

會心一得：

一位主婦從屋裏看見一個乞丐在前院的草坪上吃草，婦人好奇地走到屋外，問他為什麼吃草？

乞丐說：「我很餓。」

婦人說：「請跟我來。」

乞丐隨婦人穿過客廳，來到廚房，聞到了紅燒蹄膀的香味，心中暗喜，正要開口感謝婦人的仁慈，只見婦人推開廚房的後門，指著後院的草說：「來，這裏的草更長。」

餓昏頭的人有時真的會相信，在本來空無一物的地方看見食物和水，這就是「幻象」。

一旦幻象破滅，真相才能顯露出來。

這是第一次

——你必須真正去了解，才會發現你根本不了解。

人們看事情多半只看表象，就自以為了解。而所謂的「了解」，其實多半都是「誤解」。讓我們看看下面的故事：

動物園裡死了一頭大象，在一旁痛哭失聲！遊客們都說，這位管理員一定是跟這頭大象建立起十分深厚的情誼，他對大象已經有了相當深的情感，所以才不忍大象死去。

一位知道內情的人說：「不，按照動物園的規定，他要負責為大象挖個墓坑。」

原來，他不是為大象傷心，而是為自己難過。

「親愛的，」妻子對丈夫說：「我買了一塊絲質布料，準備為你做一條領帶。」

「你真好！不過為什麼要買這麼多呀？」

「剩下的部分我想給自己做條連身裙！」

原來，她是想為自己做一件連身裙，而不是為丈夫做領帶。

「麗娜，看你的臉色不太好，生病了嗎？」

「哦，沒有，只是我丈夫住在醫院裡，我得日夜看護他。」

「難道醫院沒有別的護士看護他嗎？」

「正因為有女護士，所以我得日夜守著他呀！」

原來，她要守護的人是護士，而不是丈夫。

下面是兩個人的對話。

「太厲害了，你進入這個市場才六個月，手上就已經有了一千萬元？你是怎麼做到的？」

「喔！」另一人苦笑道：「那很簡單，我事先就拿出兩千萬元。」

原來，他並沒有賺到錢，反而是倒賠了一半。

農曆七月是鬼月，有個媽媽和女兒參加中元節普渡晚會，回家之後爸爸發現媽媽哭得很傷心，便把女兒叫過來問：「女兒呀！快告訴爸爸，你媽媽為何哭得那麼傷心？」

女兒：「媽媽在晚會中，獲得恐怖鬼臉的化妝比賽的第一名！」

爸爸：「第一名耶，那應該高興才對呀！」

女兒：「可是，媽媽又沒參加比賽，根本沒化什麼妝！」

爸爸：「那麼，你媽媽應該可以避邪囉！」

原來是比醜的，怪不得會如此傷心。

如果我們只看表象，又怎麼能夠了解，那就是為什麼人們經常恍然大悟「哦！原來如此」，因為多數人總看不清事實的真相。

亨利與哈利同是紐約一家證券公司的員工。某一年的夏天，亨利第一次參加狩獵之旅。當他回來之後，哈利迫不及待想聽他說出所有的故事。

亨利開始敘述：「嗯！我先是跟著導遊進入森林，但五分鐘後我就走丟了，便在森林中走來走去，不知道自己到底在哪裡，突然間，我和一隻超大的熊面對面，我馬上轉身竭盡所能地奔跑，但那隻熊追得更快。

就在我感覺牠的呼吸已經貼近頸子時，牠滑倒了，於是我繼續跑，但那隻熊又追過來，當牠幾乎趴到我身上時，牠又滑倒了，之後我跑到森林中的一處空地，那隻熊仍緊跟在我後面，我看見其他同行的獵人，大聲呼喊幫助，就在這個時候，那隻熊又滑倒了，於是領隊乘著這個機會射殺了牠。」

哈利說：「哇哦！這滿驚險的，你真是勇敢，如果換作是我的話，我一定會嚇得屁滾尿流！」

突然，亨利小聲地說：「用用你的大腦吧！哈利，你想那隻熊為什麼會一直滑倒？」

原以為是「英雄」，一下子就變成了「狗熊」。

這個故事令我想起學生時期曾讀過的一則笑話：

有個性情古怪的富翁邀請了全鎮所有的未婚男子前來參加一場比賽，勝利者可娶他的女兒，並獲得許多財富。

當富翁領著他們到了池塘邊，池子裏有許多食人魚。他打開鐵籠，把一隻牛放進池裏，不到幾分鐘，牛被那些魚咬得稀爛。

接著他宣佈，他將把女兒嫁給第一個游過池子的人。

這時，突然「啪！」地一聲，只見一名年輕人跳入水池飛地游過。等他爬上來之後，富翁很開心的去恭賀他，「小伙子，你真是勇猛，我想你一定很想娶我女兒，對嗎？」

「我只想知道，」那年輕人環顧左右，生氣地說：「到底是誰把我推進池子裡的？」

原以為是「為了愛」，原來是「被陷害」。

所以，千萬別相信你從表面聽到或看到的。只要再深入一點，你會對浮現出的事實感到驚訝。

最後，我們就以這則「夫唱婦隨」的故事來結尾：

有個鄉下農夫覺得自己差不多該成婚了，於是他騎上他的驢子進城去找老婆。沒多久他就遇到一個女人，於是他們結婚了，然後騎著驢子準備回到鄉下去。

才走到半途，驢子突然不走了，農夫下來找到一支棍子，將驢子給狠狠的打了一頓，直到牠又開始走為止。

「這是第一次。」農夫說。

走了幾哩路之後，那頭驢子又不動了，然後整件事又重演了一次，在把驢子打過一頓之後，牠又走了，農夫說：「這是第二次。」

又過了一會兒之後，驢子第三度停下來。農夫下來，讓他的新婚妻子也下來，然後拿出一把手槍，對著驢子的眼睛射了一槍，接著驢子便應聲倒地。

「你這麼做實在很蠢！」老婆驚呼道：「這頭驢很值錢，你只是為了一時氣憤就殺了牠！你這個蠢蛋……」她就這樣劈哩啪啦痛罵了一陣，等她停下來喘一口氣時，農夫開口了：「這是第一次。」

據說，從那之後他們便過著「夫唱婦隨」，令人稱羨的婚姻生活！

單看封面，無法看出整本書的內容；單看一集，無法一窺連續劇的全貌。

沒錯，凡事都必須再深入一點。當你真得用心去了解，才會發現原來你根本不了解。

會心一得：

朋友們看到老王現在的衣服整潔多了，都說：「結婚之後，再也不用穿髒衣服囉。」

「是啊，」老王說：「結婚後的第二天，老婆就教我洗衣服。」

大文豪塞萬提斯在他的名作《唐吉訶德》說過：「單有一隻飛燕，還不算是春天。」

即在提醒大家不能因為看見一隻燕子，就認定冬盡春來。引申而言，我們也不能僅憑一件單一的證據，就以為能證明任何事，而妄下斷言。

他以為我觸電了……

——如果太常說「我以為……」這句話，就那表示你太「自以為是」。

有兩位搬運工人在門口處掙扎地搬運著一個大箱子，他們又推又拉，後來他們兩人都累了，但是那箱子還是一動也不動。

最後，外面的工人說：「我們放棄吧！我看我們永遠無法把它搬進去。」

裡面的工人則回答說：「你說什麼？搬進去！我以為你是要把它

弄出去呢！」

錯誤的「預設立場」是一種常見的通病，相信大家都曾遇過類似的情況，我們有時會對某人某事做出誤判，以致走錯方向。究其原因，多半是我們太「自以為是」，一知半解就自以為了解，結果常鬧出許多笑話。

接下來，說說幾則「會錯意」的笑話：

有個人在畜牧場找到了一份工作，第一天上班時，老闆給了他一個木桶和一張木凳，要他去牛棚擠奶，他開心地領命而去。

等到下班的時候，老闆見他被噴了滿身的牛奶，而且那張木凳的腳也斷了，就問他：「怎麼了，這工作很難嗎？」

他哭喪著臉答道「擠奶倒不難，難的是讓乳牛坐在凳子上去。」

天啊！他老兄「以為」椅子是要讓乳牛坐的。

小明因為太胖，肚子太大，每次站著綁鞋帶都痛苦不堪。

有一天他向好友抱怨這件事，好友就教他：「小明，你可以把腳搭在椅子上綁呀，你就會輕鬆得多了。」

不料第二天，小明一看到好友就破口大罵：「你實在不夠朋友，你教我的方法害我更加痛苦！」

好友大惑不解，便叫小明示給他看看。

小明便把右腳搭在椅子上，彎下腰去綁左腳的鞋帶。

又不是在「拉筋」……

大明剛剛結婚不久。某夜，老婆正在廚房裡忙著晚餐。大明為了體貼老婆，想幫老婆做點家事。於是就對親愛的老婆說：「老婆，我能幫忙什麼嗎？」

老婆說：「看你笨手笨腳的，找點簡單的，就剝洋蔥好了。」

大明想這個簡單不過了。不過剛剝不久，大明就被嗆得一把鼻涕一把淚的。心想，這真不是一件容易的事，又不好意思去向老婆請教，只好打電話向老媽討救兵。

老媽說：「這很容易嘛，你在水中剝不就得了。」

大明於是按著老媽的方法，完成了老婆的任務，開心的不得了。

隔天，大明打電話向老媽說：「老媽，妳的方法真不賴，不過好雖好，美中不足的就是要時常換氣，好累人喔！」

什麼?他連人都跳進水裡剝，夠天才吧！

這種「我以為……」的誤解，除了會引發許多糗事，也常造成「答非所問」、「雞同鴨講」的窘境。

深夜時分，一位妙齡女郎打電話叫無線電計程車：「小姐，我在中山北路，麻煩妳幫我叫車。」

車行小姐：「請問你穿什麼衣服？」

女郎：「我穿紅色洋裝。」

車行小姐：「到哪裡呢？」

女郎：「到膝蓋那裡。」

車行小姐：「……」

（人家又不是問妳這個）。

我聽說，有一對同姓男女，去申報結婚戶口。

「妳叫什麼名字？」戶籍員拿出登記表，問新娘。

「我叫王美女。」

戶籍員再問新郎：「你呢？」

「我叫王英雄。」

寫下了名字之後，再問：

「什麼關係呢？」

「祇有一次……」新郎結結巴巴……「我們因為忍不住……」

又來了！

人一旦自以為了解，就很容易落入「以為圈套」（assumption trap），「我以為你……」、「我以為他……」或「我還以為……」。說穿了，其實人都是太過「自以為是」了。

有一次上課時，老師突然看到一位學生右手上著石膏，綁著繃帶，於是，老師問：怎麼才幾天不見你，你的手是怎麼啦？

學生：「斷掉了。」

老師：「啊！怎麼會斷掉？」

學生：「因為我太懶了，所以就斷掉了……」

老師：「什麼？太懶了手也會掉啊？」

學生：「沒有啦！因為前幾天我走在路上，走著走著有一棵小石頭跑到我的鞋子裡，因為我懶得把鞋脫下來倒石頭，所以就右手扶著電線桿，左腳在半空中搖啊搖的，我想把石頭搖下來，結果後面突然跑來一個人，用棍子把我的手打斷了……」

老師：「為什麼？」

學生：「他以為我觸電了……」

「我以為……」會說這句話，就表示你一知半解。所以，凡事千萬別太「自以為是」，否則不但會鬧笑話，嚴重還可能鬧出人命。

會心一得：

小明與大雄相偕騎著摩托車遊玩。路過加油站，大雄便說要去加油，不料一陣風吹來，把大雄的帽子給吹走。

大雄於是向小明說：「我要去撿帽子，你幫我加油。」

小明說：「好，沒問題。」

結果，大雄去撿帽子的時後，聽到身後的小明大聲喊著：「加油！加油！」

人家是要「去加油」，而不是要你「喊加油」啦！

人最大的誤解—就是自以為了解。不了解又「自以為是」，那就是為什麼人與人之間會有那麼多誤解。

妳要記住！到時候別忘了送花過去

——有聽，沒有懂，比沒聽到更糟；一知半解比無知更可怕。

喬和他的小女兒麥姬去遊樂園玩，途中他們吃了一頓大餐。在遊樂園裡面他們來到熱狗小攤前，麥姬說：「爸爸，我要……」

喬打斷她的話，然後把爆米花往她的嘴裡塞。

當他們來到冰淇淋販賣部時，小麥姬說得更大聲了，「爸爸，我要……」喬再度打斷她的話，但是這次他說：「你要，你要！誰不知道你想要吃冰淇淋，對嗎？」

「不是，爸爸，」她回答說：「我想要吐！」

你可曾注意到這情況，當別人正對著你說話時，你也會那樣的急躁，急於發表意見；急著對事情作判斷……，所以你只能聽到片面的訊息，因而造成一些類似「雞同鴨講」的情形，也就不足為奇。

在一條大街上，強森正開著他的跑車。冷不防地，他瞥見後方的閃紅燈訊號，那是一輛警車。

強森趕快靠邊停車，他急忙地對警察解釋：「警察先生，這條路規定時速三十五哩，我開到二十五哩而已。」

「先生，」警察說，「我只是要……」

「要什麼？」強生氣急敗壞地打斷警察要說的話。「你們警察不要為了業績就隨便亂開罰單。」

「麻煩你，」警察先生繼續說下去，「冷靜一點，放輕鬆……」

「放輕鬆！」強森激動地咆哮說，「你就要給我開罰單了，還要我放輕鬆！」

「先生，」警察懇請他說，「請你給我機會說話，我不是要開罰單。」

「不是嗎？」這下強森愣住了。

「我只是要告訴你，你右後方的輪胎沒氣了。」

我們在聽別人說話，對方甚至還沒開始講，但我們就已經在想自己要講什麼了，這也就是為什麼我們無法聆聽的原因。沒有人準備好去聽別人說些什麼，每個人都迫不及待地表達意見和結論。

「喂！老公！你怎麼把信箱的鑰匙給帶走了呢？害我沒辦法拿信箱裏的信。」詹太太打電話埋怨出差在外的先生。

「啊！對了，我怎麼這麼糊塗。」詹先生接到電話敲了敲自己的腦袋，回答道：「老婆，別急，現在是郵差來收信的時間，我馬上到旅館的櫃台去，將這把鑰匙今天就限時寄給妳。」

他怕郵差跑了，急急忙忙放下電話就往樓下跑。

只聽見詹太太在那頭大喊：「喂！喂！……」

你猜，詹太太喊些什麼呢？

詹太太喊的是：「老公，如果你把鑰匙寄來，我們就永遠拿不到信啦！」

沒有聽清楚，又怎麼可能「搞清楚」，對嗎？

光說不聽，聽了卻不去理解，就好像把一節電線截成兩段，然候插上插頭，這樣燈可能會亮嗎？

在一個學校裡，老師發現一個男孩沒有在聽課，他看起很浮躁，坐立不安。所以老師就問他：「你有什麼問題嗎？你聽不到我講話嗎？」

那男孩回答說：「聽是可以聽到，能不能聽進去才是問題。」

聽是沒有問題，但有沒有「聽進去」才是問題。他說得對，這也是我們多數人的問題。沒有真正聽到，又怎麼可能知道呢？

在《這一生都是你的機會》有一篇寓言：

村子裡的鐵匠收了一名學徒，相當吃苦耐勞，每個月只領微薄的零用錢。這個高大健壯的年輕人，個性雖然有點迷糊，但很聽話，鐵匠交代的工作，他都會乖乖照做，只是會經常出錯，因為每當鐵匠在解釋做法時，他總是心不在焉。

鐵匠心裡難免也會滴咕，但心想：「他不認真聽我說話，其實也沒什麼，畢竟他也都把工作完成了，況且，我每個月只要付他一點點錢就可以了。」

有一天，鐵匠告訴年輕人：「當我把鐵塊從火堆裡夾出來之後，會先放在鐵鑽上，然後，你一看到我點頭，就用鐵鎚用力敲下去。」

年輕人點頭表示了解，並照著他的話去做。但就在那一天，這個村子失去了唯一的鐵匠，因為，他的頭意外被鐵錘擊中，死了……。

沒有聽進去，那等於沒在聽，甚至比沒聽可怕。

我曾聽過，一個很著名的老教授，他當時正在自己的房間裡面看書。妻子走進來，非常驚訝地說：「你在做什麼啊，你有沒有看到這份報紙？他們說你已經死掉了！」

教授甚至連抬頭看一下他的妻子和報紙都沒有，他說：「那妳要記住，到時候我們不要忘了送花過去。」他根本沒在聽，這就是為什麼我們常常「有聽沒有懂」。

我們必須學會聆聽，聆聽意謂：你必須是敞開的、專注的、全然接受的，去聽別人說話。記住，聽生智慧，言多懊惱。先學會

「聽」，不要急著「說」，這就是說話和溝通的第一要訣。

會心一得：

兩個來自紐澤西的獵人在森林裡打獵。一個人突然倒地，翻起白眼，停止了呼吸。同伴看到這種情況，便拿起手機，打電話給急救中心。他驚慌地對值班人員道：「我的朋友死了！我怎麼辦？」

值班人員溫和地說：「不要緊張，別著急，我來幫助您。可是你得讓我們相信，他確實死了。」

一片寂靜……接著傳來一聲槍響。獵人又拿起電話，說：「好了，接下來怎麼辦？」

人都死了，還能怎麼辦？

有聽，沒有懂，比沒聽到更糟；一知半解比無知更可怕。

媽媽說那樣就太侮辱小狗了

——每個人都站在自己認知的觀點看事情，然後誤解就這麼發生。

在這篇章，我想跟大家談「認知」的問題。我們對所有人事物的看法，其實，都是透過認知的框框（frame）來看的。你知道人們為什麼會有誤解？十之八九是因為認知不同。為什麼會觀點分歧、意見不合？也是認知問題；為什麼雞同鴨講、會錯意？沒錯，還是認知的問題。

阿國跟爸爸去喝喜酒，喝完喜酒，阿國問爸爸說：「爸爸，人生為什麼好苦呢？」

阿國的爸爸想了一會，很正經的對阿國說：「兒子，你現在還這麼小，你還不懂，你只要把作業寫好，你就可以快樂地去打球、看電視、玩電腦，人生怎麼會苦呢？」

阿國說：「爸爸，你在說什麼呀？我是說酒席上那個人參雞的人參為什麼那麼苦呀？」這就是認知造成的誤解。

人們談論一件事情，指的卻是完全另外一回事，而他們不知道對方指的是什麼，這就是為什麼人經常會「各想一頭」、「各說個話」……

我聽說有個外國人第一次來到臺灣，對臺灣的規矩還不太了解，當他上公車要投錢時，司機說：下車投，下車再投！於是這個外國人就跑下車去，伸長了手臂說：我投不到！我投不到！

由於雙方的認知不同，造成「各想一頭」的例子相當普遍，我們繼續看下去……

湯姆黑夜裡來到一家客棧，住下以後，覺得有一股馬糞的味道。仔細一看，原來客房的隔壁是馬棚。

第二天一早，湯姆對客棧老闆說：「馬和人住隔壁，很不衛生，容易得病。」

老闆淡淡一笑：「哪有這樣的事，我的馬從來沒有生過病。」

客人怕被馬傳染病，老闆卻以為他擔心馬生病。是不是，差很遠呢？

瑪麗：「昨天我買了一隻小狗，本來想為牠取名叫愛迪生，可是媽媽說這樣對偉人是一種侮辱，所以，我又說，不然取你的名字好了，可是，媽媽還是反對……」

湯尼：「真的？！伯母真是太抬舉我了。」

瑪麗：「不是，媽媽說那樣就太侮辱小狗了。」

別誤會了……人家是怕侮辱了小狗。

大哲學家尼采說得對：「沒有真正的事實，只有詮釋。」每個人認知不同，看法也就南轅北轍，即使是相同的一件事，由於不同的人，不同的認知，產生不同的觀點和詮釋，結論也就大異其趣了。

在水果行，一位雍容華貴的太太帶著她的愛犬正在挑選水果。水果行的店員發現那位太太的狗趁她不注意，正用牠那沾滿唾液的舌頭，一個個舔著貨架上的蘋果，便跑去向老板報告。

老板知道後十分不悅，念在那位太太是熟客的關係，很客氣地請她注意一下她的狗。那位太太知道以後，立即嚴厲斥責愛犬：「LUCKY！不准再舔了！這些蘋果還沒洗過，髒髒！」

老板怕水果被舔髒了，而那位太太卻怕狗舔到髒水果。

有一個大畫家叫惠斯勒，據說有一次他展示一幅剛完成的畫給馬克吐溫看。

馬克吐溫從各個不同角度和距離仔細地端詳那一幅畫，惠斯勒在旁邊等待他的意見等得很不耐煩。

到了最後，馬克吐溫側身過去，用手作出一個擦拭的動作說：「如果我是你的話，我會把那些雲去掉。」

惠斯勒緊張地喊出來：「小心，那幅畫還沒乾！」

「沒關係，」馬克吐溫很冷靜地說：「我戴了手套。」

惠斯勒怕畫被弄髒，馬克吐溫卻以為他怕他弄髒了手……這又是各想一頭。

一般人自認為了解人家的意思，說話的人也以為對方應該了解，每個人都站在自己認知的觀點看事情，然後誤解就這麼發生。

從前有個員外，有一次他外出時，吩咐女傭說：

「妳把客廳打掃清潔，夜壺倒好洗乾淨，泡一壺香片，知道嗎？」

「知道了，老爺！」女傭恭敬的答說。

一會兒，員外從外面回家，正巧有客人來訪，他立刻叫女傭倒茶。因為聞到茶味有異，便叫女傭前來質問。

「老爺！您不是說夜壺倒好，洗乾淨，泡一壺香片嗎？」女傭回答說：「我都是奉命做的，您千萬不要生氣啊！」

我還聽過一個更嚇人的……

在一個夜黑風高的夜晚，某計程車司機開到一個墓地附近，有一名婦人在路旁招手要搭車，司機就停下來載她。一路上……蠻安靜的。

直到那名婦人說話：「司機大哥，你要不要吃蘋果？很好吃喔！」司機謝過之後，就接過來吃了一口……

那婦人問：「好吃嗎？」

司機說：「很好吃，謝謝喔！」

婦人接著說：「我『生前』也是很喜歡吃蘋果……」

司機一聽到這句話，嚇得臉色發白……幾秒鐘後……那婦人慢慢把頭伸到前面，對司機說：「但我現在生完小孩後，就不愛吃蘋果了。」

呼……嚇死人，原來是「生小孩之前」……你看，主觀認知不同，結果就大不同。

會心一得：

馬丁剛走出降落在曼哈頓的飛機，馬上就有一個乞丐向他走去。

「先生，」乞丐說，「可不可以給我一角？」

馬丁反問：「一腳？」

乞丐說：「如果你肯大發慈悲，多給幾角，那更是感激不盡。」

隨後他被踢了好幾腳。

聽到不等於知道。每個人認知都不同，「知道的」往往不是「聽到的」。

我只是來修電燈

——湯沒試之前，先別急著加調味料。沒了解清楚，就別急著說！

某大學有位教授，總是對上課時學生姍姍來遲的壞習慣非常的不以為然。

某天上課，他的學生又這樣子，此時剛好看到有幾位學生拿著大包小包的零食進教室，這教授心想：好呀！上我的課竟敢遲到，還吃東西，下一個進來的，我一定要給他來個下馬威。

剛好這時候有個學生進教室，教授就對她說道了：「妳去哪裡呀？怎麼不帶一點東西來跟我分享一下？」

只見那名女學生紅著臉說：「老……師，我剛才去廁所。」

頓時，全班同學哄堂大笑，久久不止。

我們對周遭所有的人事物都有一些既定的印象，然後以這些印象為基礎，而非真正的事實來作評斷，老師對學生有某些既定的印象，而上司對部屬有某些既定的印象上，同樣的，你對別人也都會有一些既定的印象。

在美國，曾經有一營的士兵，到一家大型劇院集合，聆聽當地新到任的司令官講話。司令官講得口沫橫飛，也談到「交通安全」的重要性，他話鋒一轉，問道：「你們到這裡來時，有多少人繫了安全帶？」

劇院中五百多人，只有寥寥幾個人舉手。新司令官臉色很難看，顯得很不高興，並大聲譴責這些士兵。

此時，隨從副官趕緊走向前去，低聲向新司令官說：「他們的營房在馬路對街，他們大部分都是走路過來的！」

事情就如自己所見的一樣，很少人去問是否屬實，只要去觀察一下自己或身旁的人，你就會發現，我們總是對某些人、某些事妄下結論——就只是根據個人的印象來評斷人事物。由於印象和真相有相當大的落差，所以糗事也就層出不窮。

王家僱了一個女傭，因為上完廁所後經常不洗手，主人就把她解僱了。

另外再雇一人，非常清潔，每次上完廁所後，必會洗手，主人很高興。

但有一次不知什麼緣故，竟然沒有洗手。主人便問：

「妳每次上完廁所都有洗手，為什麼今天上廁所後不洗手？」

她答說：「因為今天我身邊剛好有衛生紙。」

沒想到，這位愛洗手的女傭反而更不衛生。

英文教授匆匆忙忙的走進教室，站在講台上看了一下，說：

「上課了，後面那一位為何還不坐好？你來翻譯一下第三十八頁的課文。」

「對不起！我不會。」男子說。

「不會？那你先唸唸這段課文好了。」

「我也不會唸。」

「你什麼都不會，我不是告訴過你們，上課前一定要預習，難道你沒有看書嗎？你倒說說看，昨天晚上你幹什麼去了？」教授生氣地問。

「我和朋友去喝酒。」

「你既然那麼不喜歡讀書，還跑來學校做什麼？」

「我只是來修電燈。」男子回答。

這下可糗大了！

有句諺語說得好：「跳之前先看一眼。」在作重要決定之前，一定要先停下來想清楚。其實，在評論任何人事物何嘗不是一樣。

一對看似不很年輕，但卻很富有的夫婦走進珠寶店，面對眾多的手鐲，琢磨了半個多小時，妻子看重了兩隻手鐲，其中一隻價格相當貴，另一隻較便宜，這使他們一時拿不定主意買哪一隻好。

當然，店主希望他們買價格貴的那一隻，這樣可以賺多一些錢。於是悄悄地對那位太太說：「別傻了，還是讓你丈夫多花點錢吧！不然他會把這些錢花在第二位妻子身上的。」

一陣沉默後，那位太太氣呼呼地嚷道：「我就是他的第二位妻子。」

這就是「不長眼」。為什麼不先了解清楚，再說呢？

會心一得：

四十來歲的李太太，帶著她三歲的兒子在店裏買東西。剛巧有位婦人經過，非常喜歡這個孩子濃密鬈曲的頭髮，便稱讚：「妳的孫女真漂亮啊！」婦人走後，李太太對她兒子說：「她把咱們倆都得罪了。」

記住，湯沒試之前，先別急著加調味料。沒了解清楚，就別急著說！

沒想到貓吃素後更厲害

——成見愈深，盲點就愈多；盲點愈多，視野就愈窄。

人們在判斷人事物時，通常有一種既定的「刻板印象」。比方，英語流利的人教育程度就高，穿名牌的人較有品味，官大的人學問就大，吃齋念佛的人比較慈悲……這些當然都是成見。人一旦有了成見，往往會「先入爲主」，做出超出事實的解釋。

接著，讓我們來看看下面幾則故事：

「聽說你去美國考察半年多，感受不淺吧！」

「是啊！感觸太深了。人家的文化和教育水準就是高！」

「何以見得？」

「在那裡，不管是大人小孩都會說英語。」

結論：會說英語的人未必水準就比較高，書讀得多的人也未必比較有內涵。

某實驗室生產了一個智商測試儀，想獻給某知名廠商。秘書想要試一試，把腦袋往裡面一伸，機器便說道「智商八十五」，秘書很高興，副總腦袋放裡面，機器說「智商九十」副總也十分開心，總經理見大家都這麼興致高昂，也想試一試。於是，他把腦袋往裡面一伸，機器說：「儀器珍貴，請大家小心使用，……請不要往裡面放石頭。」

結論：職位高未必智商就高，官大也未必學問就大。

法文課時，老師全部以法文來講解，但學生聽不太懂，便要求老師加一點中文補充。但老師站在訓練學生聽力的觀點上說：「不要害怕聽不懂，學語言就是要多聽。你們每天聽我說法文，久了自然就明白了。」

這時有個學生忽然說：「可是我每天聽小狗叫，也不知道牠在說些什麼？」

結論：聽多不一定就比較懂，聽懂也未必要聽多。

美國一家電腦公司運送一台新設計的機器到日本。

一個月後，公司收到對方打來的電話：「機器故障，請立刻派人前來修理。」

廠商隨即派了一個人去日本。他還沒機會開始檢修，公司又接了一通緊急電話：「所派之人太過年輕，請改派較有經驗的來。」

公司回答：「最好用他，這部機器是他設計的。」

結論：年輕不一定就沒經驗，沒經驗的也未必沒能力。

有一天，宣宣和奶奶一起看電視，看到飢餓三十的廣告，奶奶問宣宣，那是做什麼的？

宣宣說：「那是在叫大家捐錢，那些非洲黑人很可憐，沒有錢吃飯。」

奶奶說：「那都是騙人的啦！」

宣宣很驚訝的看奶奶，她又接著說：「開什麼玩笑，沒錢吃飯？為什麼有錢『電頭毛』，把頭髮燙成那麼捲、那麼漂亮？」

結論：捲髮的不一定就有錢，有錢人也未必燙捲髮。

貓在脖子上戴上了一串念珠，被老鼠看見了。老鼠以為貓開始吃齋念佛了，歡呼雀躍，到處宣傳說：「貓吃素了。」還帶著牠的子孫們向貓致意。貓見了老鼠，大叫一聲，一連捕殺了好幾隻小老鼠。大老鼠急忙逃命，回到窩裡，驚魂未定地說：「沒想到貓吃素後更厲害。」

結論：吃齋念佛的人不一定就慈悲，慈悲的人也未必吃齋念佛。

所以，當我們在判斷人事物時，千萬不可事先懷有「成見」。因為當成見愈深，盲點就愈多；盲點愈多，視野就愈窄。就如同「瞎子摸象」一般，永遠無法看到「整頭大象」。

前陣子，有位學生寄來一個郵件，是有關選舉的問題，相當有趣。

現在要選舉一名領袖，而你這一票是很重要的關鍵。下面是關於這三位候選人的一些「背景資料」：

一號候選人：他老跟一些不誠實的政客有往來，而且會諮詢占星學家。他有婚外情，是一個老煙槍，每天喝八～十杯的馬丁尼。

二號候選人：他過去有兩次被解雇的紀錄，睡覺睡到中午才起來，大學時吸過鴉片，而且每天傍晚會喝一夸特的威士忌。

三號候選人：他是一位受勛的戰爭英雄，素食主義者，不抽煙。只偶爾喝一點啤酒，從沒有發生過婚外情。

請問你會在這些候選人中投票給哪一個？

好，現在公布答案，這三位候選人，分別是：

一號候選人是：羅斯福

二號候選人是：邱吉爾

三號候選人是：希特勒

什麼？三號是希特勒。如此「品格高尚」的人，日後竟是殺害上千萬人的暴君，而其他兩位受到愛戴的總統，竟然如此「行為不檢」，沒想到吧！

有一天早上，小明賴床不想去學校，就向母親說：「媽……我可不可以不要去學校？」

母親問：「為什麼不想去學校呢？」

小明就說：「我有兩個理由，第一是，小朋友們都不喜歡我；第二是，老師們也不喜歡我。」

母親安慰小明說：「小明乖，聽媽媽的話，乖乖去學校。因為，媽媽也有兩個理由，第一，你已經五十歲了；第二是，你是校長。」

結論：當校長的不一定就喜歡到學校，當主管的不一定就喜歡管人。

會心一得：

小理查上完課回家，臉上洋溢著雀躍。

「嘿！親愛的，你看起來非常快樂，你很喜歡上學，對嗎？」

「別傻了！媽！」男孩回答：「你怎麼可以把上學和放學混為一談！」

結論：放學很快樂未必就喜歡上學，笑容很燦爛的人未必真的很快樂。

作家哈茲立特說得對：「偏見是無知的孩子。」當人有了成見就很難知道真相。

那麼，請放開我的領帶吧！

——你總是懷疑東、懷疑西，卻從來沒有懷疑過自己。

你相不相信，人對自己所執的「感覺」，往往都是「錯覺」？既是錯覺，許多人不免要問：為什麼我會有這種感覺？因為人的感覺是來自自己的想法，一旦認定了的想法，感覺起來就會變成真實。

一個豔陽高照的下午，在一輛公車上，一名瘦男人和一位胖女人併肩坐在一起，胖女人靠窗，瘦男人靠走道。

胖女人坐久了，臀部不太舒服，於是就把身體向前靠，旁邊的瘦男人也同樣向前靠。過了一會兒胖女人向後仰，旁邊的瘦男人也向後仰。

胖女人覺得有些不大對勁兒，於是就故意再向前，結果那男人又跟著向前。胖女人三番兩次屢試不爽。

胖女人火大了，轉頭瞪著瘦男人說：「你做什麼啊？」

瘦男人一臉無辜地回答：「我沒做什麼啊！只不過這樣比較涼快！」

了解了嗎？原來這瘦男人是在乘涼，因為坐在窗邊的胖女人剛好為他擋住了烈日。

人總是在當編劇，在腦子裡自導自演著讓自己不愉快的劇情。例如，有異性一直盯著你瞧，你就會懷疑對方是不是對你有意思或另有企圖；跟擦身而過的同事或同學打招呼，他沒有回應，你就懷疑是哪裡得罪他，或是懷疑他在擺架子？當有人說話說到你的「痛處」，你又會開始懷疑他是「故意的」……，然後事情就變得似乎愈來愈真實。

有一個人參加公司舉辦的大型餐會，剛坐下服務生就在他面前上了一道烤乳豬，於是他高興的說：

「太好了，我坐在烤乳豬的旁邊。」

一說完，旁邊正好有一位胖妞斜眼瞪著他，他急忙解釋：

「對不起，我是說燒好的這隻。」

他原是無意，但胖妞卻是「有心人」，最後反而愈描愈黑。

人就是這樣，喜歡胡思亂想，然而因為我們對自己的想法太熟悉了，以致常會認定「事情就是這樣，不會錯的！」但我們的感覺真的都不會有誤嗎?大家繼續讀下去。

一對新婚夫婦邀請了一位好朋友來家中吃飯，不知怎麼的，那位朋友將一叉子弄斷了。

「不要緊，」先生連忙安慰道：「那不過是一套廉價貨。」

太太轉身大叫：「天啊！那是這位朋友送我們的結婚禮物。」

一句「無心」的話，如果那位朋友是「有心人」……那誤會可就大了！

舅舅到家裡來做客，小文卻對媽媽說：「媽媽，我要去動物園看猴子！」

媽媽立即怒聲斥道：「去什麼動物園？你舅舅就在這兒，你還去看什麼猴子──」

這媽媽原意是要小文留下陪舅舅，但她的話很容易讓人誤解成「舅舅是猴子」，要是這個舅舅「想太多」了，聽到了恐怕感覺也不會太好。

有一次，老陳特別登門拜訪數十年未見的朋友老鐘，老鐘一共有四位女兒，恰巧都生於春天，所以命名為麗春、愛春、美春、芳春。而女孩子們早已女大十八變，個個都長得亭亭玉立。

而老陳更是認不出來為他開門，叫他伯伯的女孩是誰、叫什麼名字？情急下，老陳指著女孩順口問：「妳叫什麼春……」

這不是在罵人嗎？

正如前面的幾個例子，如果你是那個「當事人」，你會覺得不受尊重，因而生氣；或是認為無傷大雅，一笑置之呢？

在生活中我們常會遇到類似這種「無心之過」，其實只要笑笑就好，然而大家都「想太多」，也「太認真」了，以致產生了許多不必要的誤會和衝突。

我聽說，有一個女兒，晚上很晚才回家，看起來很累的樣子。父親問她：「妳跑去哪裡了？怎麼這麼晚才回來？」

女兒累得不太想講話，就有氣無力地懶懶回答說：「朗誦啦！」

父親一聽，氣死了，大聲罵到：「『人爽』（台語）？什麼『人爽』？我沒有怪妳這麼晚回來已經夠好了，妳竟然還敢跟我說妳『人爽』？」

女兒一聽，也氣得重重地把房門「碰！」一聲，關了起來！

我們經常「自導自演」，然後又「自作自受」，想想，這不是庸人自擾嗎？

會心一得：

在一列快速行進的地鐵車廂裏，有個男士客氣地彎腰對身旁的一位小姐說：「車廂真黑，要不要我幫你找扶手吊帶？」

「不用了！」那位小姐以為他是故意搭訕，冷冰冰地說：「我已經有扶手吊帶了。」

「那麼，請放開我的領帶吧！」這個人氣喘噓噓地說。

原來那小姐把領帶當作扶手吊帶。

人的感覺都是來自自己的思想，只是自己「不自覺」罷了，那就是為什麼你總是懷疑東、懷疑西，卻從來沒有懷疑過自己。

他已經不在人事了！

——糊塗一點，幽默一點，歡笑就會更多一點。

小邱生日時，他女朋友阿玲特別到百貨公司買了兩件名牌汗衫當生日禮物。幾天後，阿玲問小邱：

「汗衫好不好穿？」

「一點也不吸汗。」小邱老實地說。

「不稀罕還我！」

阿玲聽了非常生氣，掉頭就走。留下小邱滿頭霧水的愣在那兒。

本來在生活中，我們都會有聽錯話，說錯話，或搞錯一些「雙關語」的時候，這都是稀鬆平常的事，只要笑笑就好，何必太嚴肅呢？

下面是我聽過的一些「好笑」的事：

某天上工程數學時，教授跟同學說：「我知道這本書很難，以後若對這本書的題目有任何問題的話，就私下來問我。」

就在幾天後小明拿了一堆問題去找教授，此時教授發覺小明的書支離破碎的……

教授：「這本上千元的書你怎麼把它撕成這樣？」

小明：「教授你不是要我們撕下來問你嗎？」

原來，他把「私下」誤解成「撕下」。

一天，人事部的張主任調到別的部門去了，一位他的朋友打電話找他，結果是別人接起的……

「請問張主任在嗎？」

「很抱歉！他已經不在人事了！」

朋友說：「什麼！這是什麼時候的事？前天我才剛剛跟他通過電話的，怎麼就不在人世了呢？」

「……」

拜託，人家是調離「人事」，並非離開「人世」，別誤會好嗎？

我曾聽過，有個鄉音很重的「外省人」初到香港，他住進旅館。第二天起床早餐後，按鈴叫侍者去買一份「新聞紙」，侍者以為他沒吃飽，很快端來一份熱烘烘的「三明治」。他對侍者解釋：「我不是要三明治，我要的是報紙。」侍者點頭而去，一會兒，端來一盤「包子」。他啼笑皆非，只好用筆在紙上大書「新聞紙和報紙」才解決誤會。

有些人本來發音就「不標準」，尤其遇到一些「音同義不同」，或是遇到語言障礙，那笑料當然就更多了。

有一個老外船員湯姆因為船停靠在基隆港，藉休息時間到聞名已久的廟口夜市街，順便享用了一番小吃，然後招了輛計程車便準備回船上報到。

由於湯姆的船是停在基隆港的第十七號碼頭，他上了計程車之後就吩咐司機說：「seventeen！」

湯姆因為有喝點小酒，所以一上車便閉起眼打起盹來。

過了一陣子，司機把湯姆搖醒表示已經到了，湯姆往車外一看，才發現到達的地方好像不是碼頭，兩個人爭執了起來，最後鬧上了台北市的外事警察課。

原來，那司機把「seventeen」聽成「西門町」，將他載到西門町去，而不是十七號碼頭。哈！

有一則「大安分局換胸罩」的故事，也非常有趣。

話說有個女子到百貨公司專櫃買胸罩，選來選去，看上了一款名牌戴安芬胸罩，和專櫃小姐詢問了合適的尺寸及價格之後，就買回去試穿，沒想到竟然不合身，她又匆匆趕到百貨公司向專櫃小姐要求退貨。

「這位女士，本專櫃的原則是『貨品既出，概不退回』，非常抱歉！」專櫃小姐很禮貌地婉拒了她的要求。

「哪有這回事，我這胸罩買回去不合身，難道硬要我穿上嗎？妳們太不講道理啦，我要找你們總公司理論。」該女子忿忿不平地說道。

她隨即拿起了行動電話，撥到查號台詢問內衣公司電話：「喂！我要查戴安芬……」

在得到了查號台電腦語音的回答之後，她繼而撥下查到的電話號碼，電話那頭有個男人的聲音：「你好……」

該女開口說道：「我要申訴！」

「請稍候，我幫你轉申訴部門……」

幾秒鐘之後，另一個男人接起電話，說：「這裡是申訴組，請問您有什麼問題要申訴？」

該女子開始陳述她買到不合身的胸罩以及對專櫃小姐的不滿，講了大約五分鐘之後，接電話的男子客氣地問道：「這位女士，請問您是要找哪裡？」

該女子有些不解，回答說：「我要找申訴部門！」

「我這裡是申訴部門沒錯，不過，我沒辦法受理妳這種案子。」男子說。

「為什麼不行，我買了你們公司的胸罩，尺寸不合不能退貨，向你申訴你又不受理，我要向消基會檢舉！」

「等一下，等一下，這位女士，妳找什麼公司？」

「戴安芬呀！你們公司不是戴安芬嗎？」該女子不太確定的問道。

「哦！妳弄錯啦！我這裡是『大安分局』，不是『戴安芬』。」男子覺得好笑地回答。

是的，只要笑笑就好，以輕鬆的眼光看待發生在自己身上的糗事，你會發現，問題變小，同時世界卻變大了。

會心一得：

爺爺初到美國，竭力要學好英語。某晚他坐在客廳裡看報，小孫兒們在身旁跑跑跳跳，他不勝其煩，大聲用英語叫他們坐下（sit down）。忽然全屋漆黑一片，只聽奶奶問道：「今天那麼早，才八點鐘就熄燈？」

糊塗一點，幽默一點，歡笑就會更多一點。

哇！蘿蔔還包保鮮膜，真講究！

——話多不如話少，話少不如話好。

寧可當「啞巴」，也別當「大嘴巴」。

這是一則大家所熟知的故事：

有一個人為自己慶生，特別邀請了四個朋友。

三個人準時到達了。只剩一人，不知何故，遲遲沒來。

這人有些著急，不禁脫口而出：「急死人啦！該來的怎麼沒來呢？」

其中有一人聽了之後很不高興，對主人說：「你說該來的還沒來，意思就是我們是不該來的，那我先告辭了，再見！」說完，氣沖沖地走了。

一人沒來，另一人又氣了，這人急得又冒出一句：「真是的，不該走的卻走了。」

剩下的兩個人，其中有一個生氣地說：「照你這講，該走的是我們啦！好，我走。」說完，掉頭就走。

又把一個人氣走了。主人急得如熱鍋上的螞蟻，不知所措。

最後剩下一個交情比較深朋友，就勸他說：「朋友都被你氣走了，你說話應該留意一下。」

這人很無奈地說：「他們全都誤會我了，我根本不是說他們。」最後這朋友聽了，再也按捺不住，臉色大變：「什麼！你不是說他們，那就說我囉！莫名其妙！」說完，鐵青著臉走人。

「說者無心，聽者有意」。許多話本是「有口無心」，但人們頭腦會去分析、解釋，會自動「對號入座」，而聽出所謂的「言外之意」或「弦外之音」，因此一般來說，口直心快，口無遮攔的人，往往問題紛爭也多。

有天，有個女學生穿了件牛仔短褲，準備出去玩，男同學看到對她說：「哇！好彩頭好彩頭！你的腿真的有夠像蘿蔔。」

女學生很不好意思：「人家有穿絲襪啦！」

沒想到男同學接著說：「哇！蘿蔔還包保鮮膜啊，真是講究！」真是不說還好，說了更糟。難怪俗話說：「話多不如話少，話少不如話好。」如果說不出好話，那寧可不說。

阿芳在路上到男朋友與一位小姐在一起，狀甚親密，內心真是怒火中燒，火冒三丈。

第二天，阿芳見到男友便開始與師問罪，怒衝衝地質問他：「想不到你竟然是一個喜新厭舊的傢伙！」

男友急忙辯解道：「你別誤會啦！我哪會是這種人？你才是新的，她是舊的。」

哲學家沙迪說得對：「愚人應該少開口，但如果他知道這點，他就不笨。」所以，愛說話的人，通常都是欠缺「自知之明」，那就是為什麼一個人愈急切想發言，就愈可能說些蠢話。

有一則趣聞是這樣：有一位仁兄老愛講一些不吉利的話，觸人楣頭，大家對他都敬而遠之。

村裏的員外生了兒子，請全村人吃滿月酒，唯獨不請這位仁兄，他知道後十分不滿，前去向員外討個公道。員外被他鬧得沒辦法，只好答應他來，但附帶一個條件：吃酒席時不准說半句話。那位仁兄也爽快得答應了。

果然整場酒席下來，他光顧著吃，不發一言，令所有人鬆了一口氣。席罷，員外在門口送客，這位仁兄很得意地走過來：「員外，我今天可沒說任何不吉利的話，對吧？」

員外笑著說：「很好！很好！」這位仁兄又補了一句：「所以囉，將來你兒子若有什麼三長兩短的，可和我不相干！」

記得擁護言論自由者有一句箴言：「碰到愚人最好的辦法就是，讓他開口為自己的愚蠢做宣傳。」這話真是一針見血。一個話越多的人，弱點也越明顯。

聽說，當初亞爾‧史密斯剛任紐約州州長的時候，有一次到一座國家監獄去探訪。典獄長請他跟所有囚犯們講幾句話，只見他清了清喉嚨，不假思索地脫口而出：「我的公民夥伴們……」

這個開頭是剛上任的州長對大眾演講時的習慣用語。可是，此語一出，底下的囚犯們嘩然，州長這時才驚覺自己失言，因為這些犯人已經被褫奪公權了，怎麼會是公民呢？

州長紅著臉馬上改口：「我是說……我的受刑人夥伴……」話一出口，想了想有不太對，這不是讓自己也變成受刑人了？這會兒台下的聽眾可開心得不得了。

州長被自己也搞笑了，只好說：「不管怎樣，我很高興在這裏看到這麼多人！」

天哪！這句話又說錯了！監獄的犯人多竟然很高興？

西班牙有句諺語：「失足尚可挽回，失言無法補救。」所以，不會說話就少說，沒搞清楚就別說。

下面是作家鄭丹瑞寫的文章，我認為很適合作為「說話準則」，與大家分享：

急事，慢慢的說；
大事，清楚的說；
小事，幽默的說；
沒把握的事，謹慎的說；
沒發生的事，不要胡說；
做不到的事，別亂說；
傷害人的事，不能說；
討厭的事，對事不對人的說；
開心的事，看場合說；

傷心的事，不要見人就說；

別人的事，小心的說；

自己的事，聽聽自己的心怎麼說；

現在的事，做了再說；

未來的事，未來再說。

說得好！總之，凡事要想著說，不要急著說。

會心一得：

家屬叮嚀前來探病的客人。

「醫生說他只剩一個月了，所以請你待會兒進去，表現得樂觀些，千萬別露出破綻。」

「你放好了，我知道該怎麼做的。」

當他走進病房，立刻裝著笑臉說：

「嗨！你的氣色看起來好極了，一點也不像快要死的人。」

「閉嘴，則蒼蠅不入」把這句記住。寧可當「啞巴」，也別當「大嘴巴」。

我的耳朵尿不出來

——婉轉，既能幫助自己達到目的，又不傷害別人。

小丁丁：「媽媽，妳看那個人沒有頭髮。」

媽媽：「別這樣說，他會聽到的。」

小丁丁：「媽媽，難道他自己不知道他是個禿子嗎？」

他當然知道，但你不知道他聽到會難過嗎？

直話直說的人，說好聽是為人耿直、豪爽，但是忽略了他人的感受，不但傷人，也很難讓人接受，人際關係必定不好。所以為什麼不婉轉一點？

婉轉，簡單的說，就是以間接、委婉的方式表達無法直接說出來的話。

舉例來說，如果發現朋友變胖了，我們會說他「發福」；看到太瘦的人，我們會說「苗條」；遇到很調皮好動的孩子，我們會說：這孩子很「活潑」、「精力充沛」，這就是婉轉。

婉轉，是人際關係中相當重要的一門藝術，尤其當你向別人提出要求，拒絕別人的要求，或批評別人的時候，懂得婉轉就可以避免不必要的衝突和誤解。

以「拒絕別人的要求」為例，如果有人約你吃飯，但你並沒有意願，不妨就這樣回答：

「哦，多謝你的好意。可是我手邊的事情實在太多，真的無法分身。不過還是很謝謝你。」這樣婉轉的回答，通常對方會容易接受，也會尊重你。

英國劇作家間演員考華德（Sir Noel Cowar）的朋友請他吃晚飯。考華德很有禮貌告訴朋友，他即將動身前往亞買加，無法赴宴。他的朋友不肯罷休，追問他什麼時候回來。

考華德委婉地說：「春天一到我就和燕子一道回來，在燕群裏，你很容易認出我。」四兩撥千金，既婉轉又不失幽默。

當你想「對別人提出要求」時也一樣，只要顧及對方的感受，婉轉的說……

我聽說，有一次，馬克‧吐溫去外地投宿。在服務台登記房間時，一隻蚊蟲嗡嗡地飛了過來。

馬克‧吐溫對服務員說：「早聽說貴地的蚊蟲相當聰明，果如其然，牠竟會預先來看好我的房間號碼，以便夜晚光臨，飽餐一頓。」一席話將服務員說得哈哈大笑，他這晚也睡得舒舒服服，因為服務員聽出了他的話中之話，將他的房間打掃的乾乾淨淨。

真不愧是幽默大師。

有一位顧客在啤酒屋喝酒。他覺得杯子裡的酒都倒得不夠滿，於是問老闆：「你這裡一星期能賣掉多少桶啤酒？」

「五十桶。」老闆極為得意。

「好吧，」顧客想了想，「我倒想了個辦法，能讓你每週賣一百桶的好辦法。」

「什麼辦法？」老闆一下跳了起來。

「這很簡單，你只要每次賣酒時都將杯子裡脾酒裝滿行了！」

這顧客也是以暗示的方式，婉轉地提出要求。

在公開場合，要指出讓人尷尬的事，其實並不容易，因為說出來很可能會傷人，但不說又損己，如何巧妙運用婉轉的方式，既能幫助自己達到目的，又不傷害別人，確實需要有一些技巧。

有位老太太在商場百貨公司專櫃拿了兩枝牙刷，沒付錢就走。

當老太太快走出店門時，營業員提高聲調，十分親切地說：「阿婆——你看——」

老太婆以為什麼東西忘在櫃檯上了，便折了回去，營業員舉著手裏的購物袋說：「阿婆，真對不起，您看，我忘記給您的牙刷包起來。」

說著，接過老太婆的牙刷，熟練地包裝起來，邊包邊說：「阿婆，這牙刷，每枝二十五元，兩枝五十元。」

「呀，你看看，我忘記給你錢了，真對不起。」

「阿婆，我媽也有您這麼大年紀了，她也什麼都很容易忘！」

這位營業員巧妙地點出老太婆的過失，也保住了她的顏面，這就是婉轉的智慧。

我想起朱元璋的一則軼事：

話說當朱元璋當上皇帝，他小時候放牛的一個夥伴，想憑過去的交情，弄個一官半職。但又怕他貴人多忘事，就準備提起一件事，以喚起朱元璋的回憶。想來想去，想到一次與朱元璋一起偷豌豆的事。

來到京城，在一個被封為大將軍的放牛夥伴的引薦下，受到召見。那人趴在地磕頭後說：「萬歲，您記得當年有群小將軍，他們上高山，騎角馬（牛），大戰豌豆城，跑走了湯元帥，活捉了豆將軍，凱旋而歸嗎？」朱元璋憶起了那次偷豌豆的事，又見他說得那麼巧妙，顧全了皇帝的面子，就給來人封了個縣令。

這位老兄能將尷尬的話題以幽默委婉的方式說出來，受封個縣令，絕對當之無愧。

當然，婉轉並不是拐彎抹角，千萬別做過了頭，不然反而會適得其反，就像這樣……

某天護士休假去了，所以門診的醫生自己叫號，他探頭進休息室問：「下一個是誰？」

一個男人站起來說：「是我。」

醫生問：「你是什麼問題？」病人回答他，結果醫生把他拉進診療室告訴他：「下次不用把太私密的毛病說出來，尤其是房間裡都是人的時候。下次你只要說是你的鼻子或耳朵不舒服就好了。」

過了幾個禮拜，這位病人又回來複診。正巧這天護士又休假，當醫生問到：「下一位是誰？」他說：「是我。」

「你有什麼問題嗎？」

「我的耳朵不舒服。」

「耳朵有什麼毛病？」

「我的耳朵尿不出來。」

像這樣就「轉」太遠了。路太直，設計一個小彎，如此一來車子才不會衝得太快；但如果彎道過急，則反而容易翻車。所以，凡事只要「恰到好處」就好！

會心一得：

一天，有個人向鄰居提出：「請你把音響借給我一個晚上好嗎？」

「當然可以，你也喜歡聽音樂嗎？」

「不，」他回答說：「今晚我想安安靜靜地睡一覺。」

婉轉，就是以間接、委婉的方式表達無法直接說出來的話。如此一來，既能達成自己目的，又不易傷害別人。

餐飯內，一名異常謙恭的客人膽怯地碰了碰另一名客人，那人正在置衣櫃前穿一件大衣。「對不起，請問您是不是皮埃爾先生？」

「不，我不是。」那人回答。

「啊！」他舒了一口氣，「那我沒弄錯，您穿了他的大衣，我就是皮埃爾先生。」

這樣不是高明些呢？

另一個孩子到底是誰的？

——遠離知識就走向無知，承認自己無知則是求知的第一步。

有一個愛爾蘭人，名叫「派迪」，某天早上他的太太趕到醫院去，在懷了十個月的身孕之後，產下一對漂亮的雙胞胎女兒。

派迪在工作的瓦礫堆裡忙了一整天之後，傍晚趕到醫院的產房去探望太太。

「嗨，親愛的。」他輕聲細語地跟太太說話。當他好奇地走近床邊的時候，看到了兩個剛出生的嬰兒躺在床上。

「親愛的，我生了雙胞胎。」太太說。

有很長的一段時間，派迪坐在床邊困惑地發呆，不知要怎麼反應。就在這時候，產房的鈴聲響了，他先離開。

「另一個孩子到底是誰的？」當他走出產房時，喃喃自語：「如果讓我找到那個雜種，我一定要宰了他。」

這故事說明了無知的可笑。一個人沒有知識總會鬧出笑話。

無知分成三種，一種是「真的不懂」，就如前面那個搞不清楚為什麼會有「雙胞胎」的父親；另一種是「不懂裝懂」，後者的無知也一樣可笑。

有一次，旅客們正陸續登上即將起飛的飛機，一個個地按照登機證上的座位號碼尋找著自己的座位。

一名老伯剛踏上機門的時候，就有位旅客熱心地想幫他看登機證上的座位號碼，沒想到老伯卻婉拒，他說：「年輕人，你放心，雖然我是第一次搭飛機，可是我還懂一點英文，自己找座位應該不成問題……」

過沒多久，那老伯看來好像找不到座位，又走過來問那位熱心旅客：「啊！請問一下，這架飛機的四樓到底在哪裡？」

「四樓？」那位旅客感到非常納悶，他把老伯的登機證拿過來一看，原來是「4F」。自作聰明的老伯還當飛機是一棟大樓呢！

這就是不懂裝懂。

托爾斯泰曾說：「不要裝作你了解實際不懂的事，因為這是再糟不過的事。」

也許你也曾聽過這則笑話，在一堂歷史課上，老師在講《火燒圓明圓》的原由，小明一直在打瞌睡，老師便問：「小明，圓明圓是誰燒的？」小明嚇得睡意全無，驚慌答道：「不是我燒的！」

隔天家庭訪問的時候，老師說起此事：「我問小明，圓明圓是誰燒的？他居然說不是他燒的。」

這時，小明的媽媽急著答道：「我家小明一向老實，他說不是他燒的就一定不是他燒的。」

小明的爸爸站了起來，滿臉不高興地說道：「燒就燒了，該付多少錢，賠了就是了。」

無知是可笑的，無知還偏要裝精明、有學問，就更加可笑了。

接下來，要跟大家談的第三種無知—知識的無知。是的，「太有知識」也是一種無知。像有不少的「書呆子」就是這樣：

有一位醫生開業才一年，就發生了不少次的醫療疏失，別人批評他的醫學知識不足，他反駁說：「我考醫學院和醫師執照都是榜首。」

「那你為什麼看不好病呢？」

「那是病人沒有按照書本上的方法得病。」

知識不等於知道，我看過太多有知識，卻十分無知的人；尤其有些自持自己知識，自認為自己「無所不知」的人，那更是更加的無知。

美國有個天才協會的組織，會員必須先作智力測驗，只有智商一百五十以上的人才能成為會員。

於一九六六年加入的布克，今年已經四十幾歲，是康州天才學會會員，他連高中都沒有畢業，因為課業成績太低。

有人問布克：「你是天才學會的會員，為什麼高中都沒讀畢業？」

布克一臉不屑，他說：「那些知識，是為低智商的人準備的，一點意思都沒有，我怎麼讀得下去？」

布克，已經快到退休年齡了。他還是一位清潔公司的清潔工。

天才變蠢材，自以為是的人是最大的無知。試想，當你認為自己已經無所不知，那何需再學習，再成長呢？

作家梭羅曾說過：「如果我們時時忙著展現自己的知識，將如何學會成長過程中所需的無知？」

一無所知的人，自己必須自知；無所不知的人，則可能永遠不明白。一個真正知道的人不會假裝自己知道，唯有如此，才能夠真正的知道。

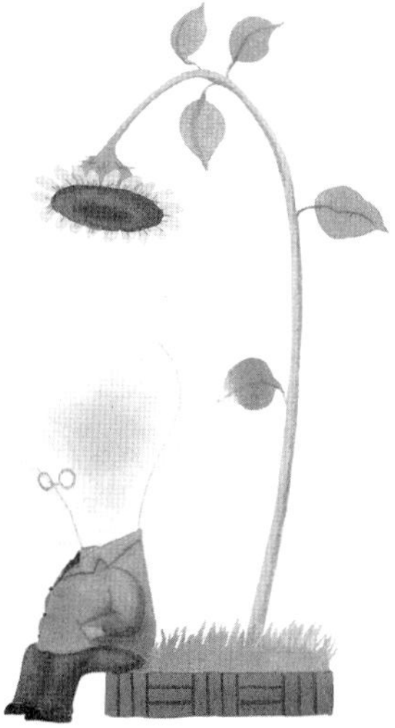

會心一得：

有個人路過麥田，發現有頭沒有犄角的牛，便詢問農民，這頭牛為什麼沒有犄角？

農民說：「牛沒有犄角的原因很多，有的是因為遺傳因素，有的則是因為和其他的牛頂角而失去了，有的則是因為生病脫落了。而這頭之所以沒有犄角，那是因為牠是一頭驢子。」

以無知為起點，多學多問，慢慢的你會知道；以有知為起點，不學不問，你將永遠無知。

遠離知識便會走向無知，承認自己無知則是求知的第一步。

阿牛，我是你的媽媽呀！

——唯一規則，就是不要死守著規則。

人的腦袋很奇怪，原本是靈光機智的人，一旦你給他一些「規定」，他就會變得僵化而毫無彈性，讀讀下面的笑話你就能明白……

有個法官問證人：「在你做作證之前，我先告訴你，在法律面前，你只能講你親眼看到的事情，不要講從別人那兒聽到的事，明白嗎？」

證人答道：「明白了！法官先生。」

法官：「我有幾個問題要先問你。請你先回我，你在哪裡出生？在什麼地方？」

證人懊惱的說：「天啊！這問題我無法回答您，因為這是我母親告訴我的。」

像這樣的情形到處可以見到，最普遍就是發生在一些「奉公守法」的公務員、營業員或軍警的人身上，他們在經年累月的工作中習慣了「奉命行事」，習慣了一個命令，一個動作。

「蠢蛋！犯人竟然從你們的眼前給溜走了！」長官勃然大怒，

「難道你們沒有遵照我的命令，封住劇院的所有出口嗎？」

「我們已經封鎖了全部出口，長官先生。看來這傢伙是從入口溜走的。」員警回答。

所以，我很不喜歡給人定下刻板的規定或工作規則，因為我瞭解大腦是如何運作的，一旦你設了一些「規定」，頭腦就開始變笨。

有一個老婦人到銀行櫃台，要求行員替她兌現一張支票。行員說，按規定她要出示身分證。

老婦人聽了張口結舌。過了一會，她終於說出話來，「可是，阿牛，我是你的媽媽呀！」怎麼會那麼死腦筋呢？

除了把規定「奉為圭臬」，還有一種是「案本宣科」，這樣「死腦筋」的人其實也不少。

從前有個書呆子。有一天，他的鄰居家失火，鄰居大嫂一邊救火，一邊對他說：「好兄弟，快去找你大哥，就說家裡失火了！」

書呆子整整衣冠，踱著方步出門去了。走了不遠，看見鄰居正在下棋。他一聲不響地站在一旁。

過了大半天，一盤棋下完了，鄰居到他，便問：

「兄弟你找我有事嗎？」

「哦！小弟有一事相告──仁兄家中失火。」

鄰居聽了又驚又氣：「那你怎麼不早說呢？」

書呆子又作了一個揖，慢條斯理地說：「仁兄息怒，豈不聞古語云：『觀棋不語真君子嗎？』」

火燒房子都不管了，還在管什麼「真君子」，真可笑，是不是？

個性木訥、言語笨拙的小陳，有一次，參加了朋友公司的茶會。朋友鼓勵他，藉此機會多認識一些新朋友。小陳推辭說他不擅長與人交談，朋友說，很簡單，你看到小姐就隨便寒暄幾句，如「妳結婚了嗎？」或「妳有幾個小孩？」不知變通的小陳就照做。果然，小陳主動和一位不認識的小姐攀談了起來。

他對小姐說：「妳結婚了嗎？」

小姐答：「還沒。」

一時之間，小陳不知道接什麼話，便沒頭腦的又問：「那妳有幾個小孩？」

話一脫口，小姐掉頭就走。留下一臉錯愕的小陳。有人知道後告訴他，他問話的先後順序相反了。小劉似懂非懂的，再找了一位女子攀談起來。

他問女子說：「妳有幾個小孩？」

女子答：「兩個。」

他信心滿滿的再問女子說：「妳結婚了嗎？」

女子聽了很不高興地回答說：「沒結婚我跟誰生小孩啊？」

人要「守經達變」，只有傻瓜才會死守著規則，聰明的人會去了解，他會去了解整個情況，而不是緊咬著規則。因為規則是死的，人是活的。

有位不會德語的英國人到了德國當新兵，有一天德國皇帝要來檢閱他的侍衛隊，他有一個習慣，喜歡問他見到的每一個新兵三個問題，這個英國人便只好請教同伴，同伴說：「沒什麼好害怕，皇帝第一個問題總是：『你幾歲？』接著問：『你入伍多久了？』最後問：『你是否覺得這裡各方面都是一流？』所以，你只要學會用德語順序回答這三個問題就行了。」

第二天，皇帝見到這個新兵，果然向士兵提出三個問題。他首先問：「你入伍多久了？」士兵用德語答：「報告陛下，二十二年。」皇帝大吃一驚，接著問：「你幾歲？」「報告陛下，六個月。」皇帝聽了，生氣地問：「到底是你當我是傻瓜，還是你是傻瓜？」

士兵很有禮貌回答：「報告陛下，都是。」

規則必需因時制宜，因為人會改變、環境會改變、條件會改變，每一個情況都不同，怎麼能死抓著規則不放呢？

據說，柯林頓執政時期，某國元首準備到美國訪問，臨行前向翻譯求教如何用英語跟柯林頓打招呼。

翻譯指點道，一見到柯林頓就說：「How are you?」，柯林頓就會說：「Fine, thank you, and you?」而您只須說「Me too.」就行了。

訪問那天，這位元首面對走上前迎接的柯林頓總統，竟口誤說了句：「Who are you?」

柯林頓大吃一驚，但仍風趣的回答說：「I'm Hillary's husband.」

這時，只見元首笑看對面的希拉蕊，然後點點頭，無比堅定地對柯林頓說：「Me too」。這下可真糗大了！

規則是為人而存在的，不是人因規則而活。所以，千萬要記住，唯一規則，就是不要死守著規則。

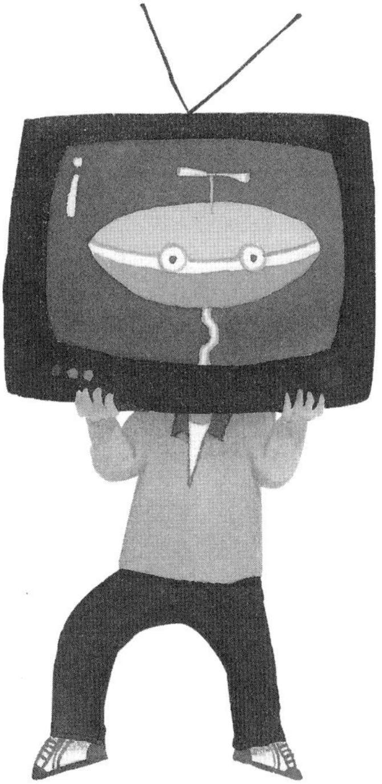

會心一得：

因為吵架會影響隔天的心情和工作，阿德和阿珠之間有了一個新的「遊戲規則」。

阿德和同事說道：「我們家有一條家規，那就是夫妻無論吵架吵得多麼激烈，在睡覺前必須要和好如初。」

同事問：「你們真的有遵守這個約定嗎？」

阿德：「是的，有一次我們整整一個禮拜沒睡。」

人不該為規則而活，你才是自己的規則。

今天，我拯救了八百條人命

——愈不合理的事情才愈需要「合理化」。

小羅違反公司的規，在上班時間偷偷去理髮，恰巧被經理發現。

經理說：「我看見你利用上班時間去理髮。」

「是的，經理。」小羅說：「因為我的頭髮是在上班時間長出來的呀！」

「不全是那樣。」經理說：「有些頭髮不是在上班時間長的。」

「沒錯，」小羅回道：「所以我只剪掉了上班時間長的那一部分，而其他時間長的還留在頭上沒剪掉呀！」

當人們不願承認錯誤時，會千方百計尋找藉口，作自我辯白。在心理學上，這種「藉口」、「辯白」都稱為「合理化」（rationalization）。

一位老太太在一家商店訂了一打雞蛋，但送給她的只有十顆，於是她去找商店的主人。

「我不是訂了一打的雞蛋嗎?」她問。

「是的。」店主人回答說。

「但是你們只給了我十顆。」

「喔！對了，其中有兩枚是壞的，我們替你扔掉了。」

所有的「藉口」都是為了「合理化」自己的行為及錯誤。那如果「合理性」遭到質疑呢？人就會進一步去辯白。

有一個人在報紙上看到一則有優良品種警犬出售的廣告，於是寄出支票購買。

幾天後，送來的卻是極為普通的雜種狗，那個人非常生氣地打電話去罵登廣告的人：「你們寄來根本不是警犬，我要退錢！」

對方回道：「警犬有很多種，賣給你的是便衣警犬，必須偽裝成不像是警犬！」

這就是辯白。「辯白」，顧名思義，就是把「黑的」辯稱是「白的」。

說得更明白一些，一個人如果承認某一行動的真正動機後，會暴露自己的弱點和錯誤，就會不自覺地為自己辯白，會試著找出「合理」的藉口，以掩飾真正的動機和行為的錯誤。

‧滿載洋蔥貨車的司機因為超速，交通警察把他攔下來。他對警察說他一定要開快車才能避開洋蔥的氣味，否則兩眼流淚，無法開車。

‧作弊的學生說：「我沒有作弊，我只是幫隔壁同學檢查一下，看看他的答案有沒有寫錯！」

‧在牆上塗鴉的學生說：「我不是在畫牆，我是在改正錯字。」

・半夜去開別人家大門的小偷告訴警察說：「我在路上撿到了一把鑰匙，想去試試看是哪一家的，好還給失主……」

・愛打架的阿牛對老師說：「因為上次我打輸了！你不是教我，在那裡跌倒，就要在那裡站起來嗎？」

・愛看電視的小豬對母親說：「妳說做任何事，必須有始有終，不可以半途而廢，對不對？所以，連續劇今天是完結篇，你不能阻止我看完。」

理由是不是很充足呢？

面對錯誤，人們總是可以瞎掰出一千零一個理由來「自圓其說」……

有個宗教家回國了，有位教徒前去接機。

神父問候他：「你最近好嗎？」

教徒說：「糟透了，上回颱風把房子吹垮了。」

宗教家說：「犯罪必受罰，這是因果報應，以後你要多做些好事，知道嗎？」

教徒說：「不過你的房子也被颱垮了。」

宗教家頗為尷尬地說：「啊！上天的作為真是奇妙莫測，人是沒辦法了解的。」

頭腦非常靈活，可說是徹頭徹尾的狡猾，不但可以對任何錯誤提出超完美的解釋，不論說錯什麼話或犯了什麼錯，人們都有合理的理由。

一輛汽車在路口左轉後，因為速度過快而失控，於是就直接開上行人紅磚道，緊接著又衝進路旁一家銀行裡，把大門都給撞得粉碎，也撞上了一群正在存款的無辜民眾。

當警察趕到現場，不解地問道：「你是麼開的？將車子直接撞進銀行裡？」

新手駕駛：「我車開得有點快，衝上紅磚道時因為看到『不準停車』的指示牌，不敢煞車停下，所以就……」

這是在騙誰啊！

人的頭腦總會不斷搜尋一些合理的解釋，人們將它們稱之為「原因」，其實那哪是原因，還不是為了要推卸責任而編出的藉口。

這一名「優良駕駛」不禁令我想起另一個「捨己救人」的名模……

有一位環遊世界的名模，她在日記裡寫道：

星期一：船長在甲板上，他很友善的邀請我在接下來的行程中，與他共用同一張餐桌。

星期二：我整個早上的時間都和船長待在駕駛艙裡聊天。

星期三：船長對我提出了一個要求，有違他船長與紳士的身分。

星期四：船長威脅除非我答應他的要求，否則他要把整艘船沉到海裡。

星期五：今天，我拯救了八百條人命。

當然啦！那些理由、藉口都不是真的，如果能深入去思考，所有的理由無非都是為了掩飾自己的錯誤，那也就是為什麼「愈不合理」的事情，一般人愈需要去「合理化」它。

會心一得：

一個被控酒醉駕車的司機，強辯說：「我並沒有酒醉駕車，我只不過是駕車時，喝一點酒罷了。」

「啊！那我的判刑就不同了。」法官很同情地說：「本來我要判你一個月拘禁，現在減刑只判你三十天就好了！」

拘禁一個月，減刑為三十天。判得好！

俗話說得好：「兩黑不等於一白，積非不能成是。」如果錯誤和罪行都能夠找藉口，那將成為犯錯和犯罪的最好藉口。

奶奶說我是詐騙集團啦！

——只要是人，都會犯錯，但唯有愚人堅持一直錯下去。

籃球教練看到某個學生投籃，居然十投十不中，極為惱怒，上前說道：「真是笨，我來給你作示範。」

教練連投十個，竟然也不進。教練理直氣壯地說：「你看看，你剛才就是這樣投的。」

犯錯乃人之常情，死不認錯更是常見。因為一旦認錯了，不但顏面無光，還必須得承擔責任和責難，所以一般人總是不願意認錯。

保羅坐在咖啡廳裡高談他為朋友付出的慷慨，就像多數人一樣，他不開口則已，一旦開口了就會講得渾然忘我。於是，朋友問他：「既然你這麼慷慨，為什麼你從沒有邀請我們到你家吃飯？你連一次都沒請過我們，那怎麼成？」

保羅一時被興奮給沖昏了頭，居然忘了他的老婆。他爽快地說：「走吧！現在就去我家！」

一路上，他的神智逐漸清醒，當他想起他的老婆之後，心裡開始覺得不安，因為他一下帶了十幾個人回家。到了他家門外，他說：「你們在這裡等一下，大家都知道了我有老婆，你們應該可以理解，我必須先進去跟她講一聲，然後再叫你們進來。」於是他進去，然後就不見人影了。

大夥兒在門外左等右等，等了半天他都沒出來，所以他們就敲門了。保羅已經將事情的經過都向他老婆細說分明，是朋友設他圈套。他老婆說：「可是我們沒有那麼多東西可以招待那個多人。」

保羅說：「我有辦法，當他們敲門的時候，你去開門，告訴他們我不在家就好了。」

所以當他們又再敲門的時候，他老婆去應了門，她說：「他不在家。」

門外的那群人說：「這就奇了，我們跟他一道來的，從他走進去以後我們就沒見他再出來過，而且我們那麼多人一直守在門口等他，他一定在裡面，妳去找找看，他一定躲在某個地方。」

他老婆進去了，她問他怎麼辦？

保羅聽了忍不住激動起來，他說：「妳等我！」他跑出去對他們說：「你們是什麼意思？難道我不能從後門出去嗎？」

這故事聽來起來很離譜，但它卻一直發生在我們周遭。從說話「言過其實」、「大言不慚」，然後「誇下海口」接著只好「出爾反爾」，再來只能「自圓其說」，最後只落得「顏面無光」變得「惱羞成怒」，這樣的人是不是很熟悉呢？

曾在網路上讀到一篇趣聞，是一位媽媽寫的，大意如下：

小女兒出生滿月後就由奶奶一手帶大，直到三歲上幼稚園時，才將她帶回家裡與爸媽同住。

如同一般的祖父母疼愛孫子一樣，爺爺奶奶對她呵護至極，尤其被懲罰時，奶奶更是小女兒的大靠山。

現在女兒已經上小學了，跟爺爺奶奶關係依舊親密。

有一天我檢查女兒的回家作業，發現她的字跡潦草，於是我把不好看的字體全部擦掉，要她重新補上。

她在一旁，一邊看著我手上不停擦拭的橡皮擦，一邊掉眼淚，哭著說要打電話跟奶奶告狀。

當時我相當的生氣，明明是她自己不專心寫作業，現在不認錯，而且還想找靠山！

我拿起話筒告訴女兒要找奶奶自己打電話，她真的撥起電話號碼。

可是，事情有點出乎意外，只聽到她一邊啜泣一邊喊：「奶奶，我是小萱（哭聲）……。」

但接著很快就把電話掛了，並沒有繼續一把眼淚一把鼻涕的訴苦。後來，只聽到她哭著大喊：「奶奶說我是詐騙集團啦！就把電話給掛了！」

不肯認錯的人，不但騙別人，還騙自己，這跟詐騙集團又有什麼兩樣？

古羅馬哲學家西賽羅（Cicero）說得對：「只要是人，都會犯錯，但唯有愚人堅持一直錯下去。」

咖啡館裡，邁克剛剛喝了兩口咖啡，就發現杯子裡有隻蒼蠅。他問服務生：「咖啡裡有蒼蠅，這是怎回事？」

「不可能的！」服務生委屈地說：「在端給你以前，我已經把所有的蒼蠅，給一隻一隻全揀出來了。」

錯誤通常只能用錯誤來掩飾，為了掩蓋一個洞，就不得不挖一個新洞來補，結果洞越挖越大死不認錯，只會錯上加錯。

穿越時需要「停、看、聽」的火車平交道旁，一位交通警察看見一輛汽車視若無睹地駛過而沒停車動作，警察驅車上前將他給攔下來後，要求他交出駕照及行車執照。

駕駛人說：「我又沒有幹嘛，你為什麼要攔我？」

警察解釋道：「你沒看到停看聽的標誌嗎？為什麼不停？」

駕駛人說：「我的車速有慢下來啊！」

警察語氣堅定地說：「但是你沒有停下來！『停、看、聽』就是要有停的動作。」

駕駛人固執地爭辯：「但我的車速有慢下來嘛！」

警察駁回說：「你有沒有搞錯，這又不是『慢行』的標誌，這是一個『停、看、聽』的號誌！」

這樣你來我往爭執了幾回合之後，那警察已沉不住氣，出手扭住那駕駛人的脖子把他整個人從車窗拖出來，然後用警棍搥打他、用腳踢他。

在一陣拳打腳踢之後，那駕駛人只能驚叫與哀嚎，接著，警察再問了他：「現在你是要我『停』，還是要我『慢下來』。」

紀伯倫曾感慨地說：「奇怪的是，當我們為錯誤辯護的時候，我們用的氣力比我們捍衛正確時還大。」

這警察顯然已經聽膩了「藉口」，只好「藉手」給他一點教訓。

會心一得：

媽媽：「小華，你看，妹妹考一百分，你才五十分。」

小華：「我是照你的話做的。」

媽媽：「我說了什麼？」

小華：「妳說我只要有妹妹的一半就很好了。」

*

訓導主任問：「小新，你怎麼偷了同學的橡皮擦？你做這種事，難道不為父母想一想嗎？」

小新：「就是想過才做的。這樣就不用花父母的錢了！」

林肯曾說：「我相信我無話可說的時候，我永遠也不可能講得理直氣壯。」然而，一般人卻正好相反，理不直的人，反而氣最壯……怪不得，人們會一錯再錯。

我把老劉重重打了一下，干你屁事？

——當人不願負責的時候，就會責怪他人。

我們一直將錯誤歸咎他人。做錯了事，我們會說那是因為某人，所以才會犯錯；遇到麻煩，什麼都要怪某人，是他造成的：每當哪裡出了問題，我們總是把矛頭指向別人。

如果答案解不來，那一定出題的人有問題……

甲、乙兩學生在教室裡對話。

甲問乙：「你的考試成績為什麼不像打籃球那麼好呢？」

乙說：「打籃球有人合作，可是考試沒合作！」過一會，乙又問：「那為什麼你的歷史考試成績也很糟呢？」

甲說：「這有什麼奇怪，老師出的題目都是我出生以前的事，我怎麼能知道呢？我正要去問問老師呢！」

老師剛好走進來，聽到甲的話，就說：「一個傻瓜題的問題，十個聰明人也回答不了。」

甲：「怪不得我考試總是不及格。」

上課睡覺，那是老師的錯……

某日上課，老師很生氣地對小明說：「為什麼上課在打瞌睡？」

小明很無辜地摸摸頭說：「人家上一節沒睡好嘛！」

會眾睡著，那是牧師的錯……

牧師覺得會眾中有人在他一開始講道便點頭如搗蒜地打起瞌睡來。

有一次，牧師在會後跟他開玩笑說：「我似乎提不起你的興趣，我一開始講你就睡著了。」

「牧師！」那人回答：「我要是對你沒有信心，還會睡得著嗎？」

說來，還要是感謝他呢！

打電動被逮個正著，是媽媽的錯……

媽媽端宵夜進小明的房間，看到他正在打電動，媽媽說：「我以為你關在房間是在寫功課，沒想到，竟然是在玩電動。」

小明：「這又不能怪我。」

媽媽：「不怪你，難道要怪我？」

小明：「沒有錯，誰叫你走路聲音那麼輕，害我都沒發現。」

打錯了人，是那個人的錯……

馬先生在街上走，看到走在他前面的一位先生很像他的老朋友。於是就跑上前去，在那背後重重拍了一下，不料轉頭來的那個人卻是個陌生人。

「對不起，」馬先生道歉說，「我還以為你是我的老朋友老劉呢？」

那人怒氣沖沖地說：「即使我是那位老劉，你也不應該拍得這樣重呀！」

馬先生回答道：「我把老劉重重打了一下，干你屁事？」

為什麼要把錯歸咎於別人？因為「去責怪」總比「被責怪」容易得多。

既然錯又不在你，你又何必負什麼責任呢？所以人們才會樂此不疲，一再把過錯指向別人：說是老師的錯，說是父母的錯，是伴侶、朋友、老闆、老天爺的錯……責怪的對象或許會換，但把戲是同一套

——矛頭永遠指向別人。

瑞迪坐在家門前，一個鄰居朝他走來。

「你好，瑞迪。我正要去買點東西，你能否把你的驢子借我？」

「真是不好意思，我的朋友，今天我的驢子不在家。」

就在這時候，屋裡的驢卻開始叫了起來。於是鄰居勃然大怒，對瑞迪說：

「枉你自稱是我的朋友，居然捨不得把你的驢子借我？」

「我剛才不是告訴過你，牠不在家！」

「別再騙人了，我剛才明明聽到牠的聲音。」

「你真是令我失望！枉你自稱是我的朋友，居然相信驢說的話，而不相信我說的話？」

只要指出問題是在別人身上，就不需要負什麼責任，那就是為什麼人們老愛責怪——因為沒有人真心想負起責任。

會心一得：

房客對房東說：「我實在無法再忍受了，這屋頂一直在漏水。」

房東不高興地回道：「不然你還想怎麼樣？你就給那一點點房租，難道還想漏香檳不成。」

沒錯，當人不願負責的時候，就會去責怪。

有道德心的話，就把鈔票給爸爸

——標準是「因人而異」，一千個人有一千個標準。

法官：「我無論如何也無法相信，像你這樣一位成熟、穩重的男人竟會動手打一名嬌小脆弱的女人。」

約翰：「可是她罵我，折磨我，使我完全喪失了理性。」

法官：「她說了些什麼？」

約翰：「她喊道：『來吧！打我吧，我不怕。來呀！來呀！只要敢碰我一下，我就把你告到那個禿頭的老傻瓜法官那裡去。』」

法官：「本案撤銷。」

人總習慣以自我為中心，來評斷是非、對錯、好壞。面對你不喜歡的人，你會變得非常嚴厲，變得嫉惡如仇；反之，如果同樣的情況發生在你喜歡的人身上，那就完全不是那麼一回事了。

有兩名婦人在街上偶然相遇，其中一個婦人問道：「你的女兒近來可好？我聽說她嫁人了。」

「是啊，她很好！她的丈夫真是棒極了！他不讓她做任何家事，每天睡到中午才起來，然後還有佣人把早餐端到床邊。下午她會到處閒逛購物，晚上會去喝咖啡。她穿得就像電影明星一樣！真是好命，我一想到她就覺得高興。」

「那你的兒子呢？他不是也結婚了嗎？」

「喔，是的。」婦人臉色一沉：「可憐的孩子——他可沒有這麼好命了。他娶的那個女人不但愛慕虛榮，而且懶得要命，什麼事都不做，簡直是個廢物！每天竟然睡到中午才起來，還要別人把早餐端到床前來。你以為她會看管這個家嗎？不！她整個下午都在逛街購物，把丈夫辛苦賺來的錢都花在那些電影明星才穿的衣服上。你知道她晚上都去哪裡嗎？去喝咖啡！這種女人也配當媳婦？」

人的自我主觀總會偏頗地運作著。你喜歡的人，你就希望他能更好；而當不喜歡人很好，你就會嫉妒，就會吃味。

剛當婆婆的王太太看見兒子給媳婦買了件大衣，不禁心生嫉妒。她跟王先生說：「把兒子養大有什麼用？拼命給老婆買這買那，不管我們老人家死活。」

王先生答道：「這種話我早聽膩了。」

「老糊塗，我什麼時候對你說過了？」

王先生說：「不是妳，是我媽媽以前也常這樣說。」

你看，就是這樣。當你認同某人，如果我對他好，你就認同我；你不喜歡某人，如果我對他好，你就不喜歡我；大家都愛偏袒「自己人」。

丈母娘經常帶朋友來訪，先生很不高興，如果太太說：「別誤會了，她只不過是想炫耀一下她的孫子女。」先生絕不會因此心平氣和。

太太不高興婆婆指導自己如何烹飪，如果先生說：「別想得太多，她只是想分享她的經驗。」太太會不以為然。

夫妻之間為了親朋好友發生爭執，人際、宗教、政黨間為了某人發生爭論，往往都是偏袒。每個人都在偏袒自己喜歡和認同的人。

人相當的主觀，但是很少人看到他們的主觀性，那就是為什麼是非、善惡、好壞，永遠沒有絕對的標準，標準是「因人而異」，一千個人有一千個標準。

一個顧客剛剛離開，店主的兒子發現顧客忘了找給他的一百元，於是問爸爸：「應該怎麼辦？」

爸爸說：「這看你有沒有道德良知了。有道德心的話，就把鈔票給爸爸，沒有良心的話，就自己拿去花掉。」

把別人的錢交給爸爸，這算得上有「道德良知」嗎？

我聽說有個人到寵物店想買一隻狗，於是問老闆：「你這隻狗忠不忠心啊？」

老闆說：「牠當然忠心囉！之前我一共將牠賣出去四次，牠都自己跑回了呢！」

對自己忠心的就是「忠狗」，對別人「負心」沒關係，這算哪門子的標準？

道德和忠誠的標準不能有兩套，不可能有雙重的標準，否則就永遠不可能有公平和正義。

會心一得：

「真是氣人！」約克嘆道：「你知道嗎？我原本擁有每個人所想要的一切東西——一個很棒女人的真愛，一棟豪宅，很多財富，和滿屋的名牌服飾。」

「怎麼了？」朋友問道。

「怎麼了？那樣美好的一切，無緣無故地，我太太把它給毀了。」

到底是誰毀了誰？是誰毀了美好的一切？是約克，還是他太太？

答案是：你討厭的那個。

我呢，我被誤認是上帝

——愈自卑的人，愈想表現優越；愈覺得自己渺小的人，就愈會誇大。

面子是一種社會價值，也代表他人對我們的尊重，所以當一個人欠缺自尊，就會很在意別人對他的尊重，也就會很「愛面子」。

有三名男子在火車上談天，其中一個吹噓他的太太說：「結婚前開始，我的太太每天都會到車站來接我，十年來從未間斷。」

另外一個說：「那真是太巧了，我太太也是一樣，每天都到車站來接我，而我們已經結婚二十年了。」

第三個不甘示弱地說：「那根本不算什麼！我太太已經來車站接我三十年了，而我甚至還沒跟她結婚，她仍然到車站來接我——這下你們都輸了吧！」

任何一席談話，你將可觀察到，由於自尊的驅使，即便是最微不足道的話題，也能引發競爭。為什麼？因為「面子問題」。

某市的幾名議員，為了「市區公園完工啟用」在爭功勞。

陳議員說：「這個公園是我去年向市長極力爭取的！」

張議員聽了，很不高興地說：「胡說八道，我前年早就已經提出申設公園的案子了！」

在一旁的黃議員不以為然的說：「你們別吵了，這裡沒有你們說話的餘地！這個公園是我在前一任議員任內，就已提案過了，當時只是經費不足，所以拖到這一任期才完成。」

此時，古議員突然拍桌子，說道：「你們吵什麼吵啊！這座公園，是我出生前，先父當議員時，就已經幫我提案通過！」

沒錯，愈愛面子的人，就愈輸不起；愈輸不起，就愈誇張。

為了面子，可以讓人為一點小事就爭的面紅耳赤，即使他們爭辯的事情根本微不足道，但他們會花精力去爭個你死我活。

有兩位保險公司的業務員爭相誇耀自己公司付錢多有效率。

一位說：「我們的公司十有八九在意外發生的當天，就把支票送到受益人的中。」

另一位無法爭得上風，又不甘心就此認輸，就說：「那算什麼！我們的公司在一棟四十層大廈的第二十三層。有一天，我們的一位投保人從頂樓摔下來，當他經過第二十三層時，我們就經把支票塞到他的手裏。」

「我的公司是最棒的」、「我的看法是最正確的」、「我的孩子是最優秀的」，你或許並沒有那樣的直言，但是你以一千零一方式在表現，任何屬於你的一定是最好的。即使是祖宗，你的也比較厲害。

有個義大利對猶太人說：「我們在古羅馬的地下發現了電纜，這說明了在我們祖先的時代就已經發明了電話通訊了。」

猶太人：「那你知道在我們耶路撒冷發現了什麼嗎？」

義大利人：「什麼？」

猶太人：「什麼也沒發現。」

義大利人：「啊！？」

猶太人：「那說明了我們祖先早已發明了無線電。」

你說誰的比較厲害？

有些人深受自卑之苦，自覺得渺小，所以總愛誇大吹噓，好「壯大自己」。就像小孩一樣，小孩總在爭奪說：「誰的甲蟲比較強」、「我的玩具比你的好」、「我的爸媽比你爸媽偉大」……

有一個小男孩告訴另一個男孩說：「我媽媽是一個偉大的演說家，你給她任何一個主題，她就可以講好幾個小時。」

另外一個說：「那有什麼了不起，我媽媽更偉大，她不要有任何主題就可以講好幾個小時，而且大家多半都聽不懂她在講什麼。」

當自尊被貶得愈低，企圖挽回顏面的衝動就會愈大，非得置他人於更卑微的地位，以平衡一下自我的「優越感」。

湯姆和他的兩位同學下課間玩遊戲。

一位同學忽然說：「我爸爸是連長，全連的人都必須聽他的。」

另一位同學不屑一顧說：「我爸爸是師長，全師的人都必須聽他的。」

他們說完，似乎都在等著湯姆表態。

湯姆慢條斯理地說：「你們的爸爸都比不過我爸爸，都聽我爸爸的指揮，叫他們坐下就坐下，叫他們低頭他們就乖乖低頭。」

「那你爸爸是做什麼的呢？」二位同學齊聲問。

湯姆回答：「理髮師。」

你想過嗎，為什麼你得比別人優越才行？因為你怕自己不夠好，怕自己不如人；你怕別人笑你，怕別人看不起你，對嗎？

人們的優越感只是表面，在內心深處，仍然感覺自己是卑微的，這就是為什麼人們會一而再，再而三地試圖去證明自己。

在一個大規模的造勢活動之後，一個議員對他的助理大吼，那個助理覺得不解，為什麼議員說：「我被騙了！」

助理說：「我不了解，我認為造勢大會進行得非常成功，有好幾千人來，看看他們獻給你的花圈，他們簡直用花把整個會場給蓋住，你數數看。」

那議員說：「我數過了，只有六十八個花圈，但我付了八十個花圈的錢。」

沒人送花圈，只好自己買，否則「面子」要往哪裡擺？

優越感只是在隱藏自卑感。現在，你知道人為什麼會那麼「死愛面子」了吧！

會心一得：

穆拉．那斯魯丁和兩個朋友談論有關他們的相似性，第一位朋友說：「我的臉長的像李察吉爾，我常被誤認為是他。」

第二位朋友不甘示弱地說：「我的情況是，大家都以為我是柯林頓，而來向我要簽名。」

那斯魯丁說：「那沒有什麼，我呢，我被誤認是上帝。」

第一位和第二位一起問：「這怎麼可能？」

那斯魯丁說：「嗯，當我第四次犯罪被送到監獄，看守人看到我時驚叫：『哦，上帝，你又來了！』」

愈自卑的人，愈想表現優越；愈覺得自己渺小的人，就愈會誇大。因為事關「面子問題」，怎麼可以輸呢！

驢子們！上課啦！

——在別人嘲笑你之前，大方地嘲笑自己。

多數人都怕被別人嘲笑，因而千方百計地掩飾自己的缺點和錯誤。其實，如果你能在別人嘲笑你之前，大方地嘲笑自己，別人又怎麼有機會嘲笑你呢？

三個老人坐在公園裏抱怨身體愈來愈差。

第一個老人說：「我有便秘的毛病，每天起床第一件事就是大號。一坐就是一個小時，卻毫無動靜。」

第二個老人接著說：「我的情況比你更糟。我坐馬桶的時間要兩三個小時。有時候，我都懷疑自己會被憋死。」

第三個老人則嘆口氣說：「我的大便通暢無比。每天早上六點一到，一定準時清潔溜溜。問題是我七點才醒來。」

當然，自嘲並非貶低自己。自嘲是一種幽默，也是一種風度，能夠自我解嘲的人，表示認為自己有較高的自我價值，所以才有「信心」嘲笑自己。

記得前俄國總統戈巴契夫面對當時的經濟窘境，就曾拿自己開玩笑，他說：

「法國總統密特朗有一百個情人，其中一個患了愛滋病，但他不知道是哪一個；美國總統布希有一百個隨護，其中一個是恐怖份子，他也不知道是哪一個；我有一百個經濟顧問，其中只有一個是卓越的，問題是我也不知道是哪一個。」

自嘲和自信是一體的兩面。沒有自信的人想掩飾自己的缺點都來不及，怎可能將自己弱點和錯誤攤在陽光下讓人審視。真正有自信的人不但能禁得起別人幽默，還可以坦然幽自己一默。

有家公司年終尾牙，董事長偕同夫人一起出席。所有員工早有耳聞這位霸氣十足的董事長非常怕老婆，所以都等著看他會如何介紹這位太座。

董事長笑笑說：「大家都知道，在公司裡我是老大，就是大家所謂的頭頭，在家裡，我當然也是頭頭，決定各種大小事。而我的太太雖然只是脖子，但是通常頭要點之前，也要經過脖子的同意。」

開自己的玩笑，等於告訴別人，我並不是高高在上，懂得放下身段，別人也會敞開心胸接受你，如此很容易就和別人打成一片。

有一次，蔣故總統經國先生在招待立法委員的餐會上，曾說了一個故事，他說：「有一天，我接到一個中學生的來信，他在信的最後，竟然寫著，『祝您老人家精神不死』，真是令人啼笑皆非！」此話一出，所有的立委全都哄堂大笑。

所以，會開玩笑的人，不但令人喜歡，也很容易和人建立情誼。

有一位外語教授本來有一堂下午參點的課，但臨時有事，於是在黑板上寫了：

I will meet the class at 5:00 .

（我會在五點來上課。）

當幾個學生來到教室，看到黑板的留言，幾個調皮的學生就把class的「c」擦掉，變成：

I will meet the lass at 5:00 .

（我會在五點會見情婦。）

當教授回來時，看到黑板上被修改的留言，引起全班同學哄堂大笑。他微笑一下，然後也把ass的「l」擦掉，變成：

I will meet the ass at 5:00 .

（我會在五點會見驢子。）

然後對著學生說：「驢子們！上課啦！」

我想，這位幽默的「驢」老師，一定相當受學生們的歡迎。

在美國史上，林肯總統是十分受到民眾愛戴的，其中主要的因素，除了他的大氣度和胸襟之外，更重要的就是他的幽默感。他經常會自我解嘲，比方他的政敵，史蒂芬·道格拉斯批評他有「兩張臉」，暗諷他表裡不一。

林肯笑答說：「如果我有兩張臉，那我一定不會戴上這一張。」

因為林肯長得其貌不揚，大家聽了，都不禁莞爾一笑。

又有一回，林肯面對一群極不友善的群眾發表競選演講。裡頭有人大喊道：「即使你是聖彼得本人，我也不會投你一票。」

林肯從容地回答：「朋友，如果我是聖彼得，你當然不可能投我的票，因為你不會在這個選區。」

還有一次，有一個人在盛怒下向林肯總統挑釁，要求決鬥。林肯則毫不猶豫地接受了挑戰，前提是由他來決定決鬥的方式，那個人慷慨激昂地應允。林肯提出的決鬥方式是：「距離五呎，武器：牛糞。」結果可想而知，笑聲取代敵意。

俗話說：「伸手不打笑臉人。」就是利用幽默對抗衝突的最佳詮釋。

古人曾有一句詩：「眼前一笑皆知己，座上全無礙眼人。」喜歡開玩笑的人，通常比較大而化之，否則怎麼能「開得起玩笑」呢？一個擁有豁達胸襟的人，自然會用更成熟、更寬厚、包容的態度來看人生。

幾天前，在網路讀到一篇名為《她願意》的文章，我覺得很有意思，以下是這位作者的自述：

在我英雄年少時，有一個女生，她願意為我失去生命……她意志堅定地說：「你再纏著我，我就去死。」

在我負笈外地時，有一個女生，她願意等我到下輩子……她溫柔婉約地說：「你想成為我男朋友，等下輩子吧！」

在我窮困潦倒時，有一個女生，她願意與我共赴黃泉……她眼眶泛紅地說：「你再不還我錢，我就與你同歸於盡。」

唉！世間女子何其癡情，卻依然無法使我駐足停留，至今依然身影孤單，想來不勝欷噓！

懂得自嘲的人，就有這種本事，即使是烏雲密佈，也能給人帶來陽光。

有位妻子對丈夫說：你真的是對我愛得痴狂，連在睡夢中都不忘說些甜言蜜語的話，不過有件好笑的事——你總是叫錯我的名字。

試試看，開一下自己玩笑吧！

會心一得：

有個人自稱為先知。人們問他：「你說你是先知，你有什麼本事？」

他說：「我知道你們心裡想的是什麼。」

「那你說說看。」大夥兒問。

「你們在想，」他說：「他根本不是先知，他是個十足的騙子。」

喜劇泰斗柏恩斯（George Burns）也曾打趣自己：「對只讀過兩本書的我來說，能出版六本書，不算太壞了。」

沒錯，如果你能在別人嘲笑你之前，大方地嘲笑自己，別人又怎麼會有機會嘲笑你呢？

怪不得蛤蟆開始叫了

——給別人挖洞的人，自己也可能掉進洞裡。

自尊就像天平，當你壓低自己，讓別人高起來，別人相對也會尊重你；反之，當你把別人壓低，不尊重別人，別人也會壓低你。

有個頑童見到一位老人騎著一頭毛驢由城外進來，閒來無事存心想調皮搗蛋一番。

這頑童在老人騎驢朝著他而來的時候，忽然大聲說：「喂！你要不要吃巧克力糖？」

老人見這孩子很有愛心，於是高興地回答：「小朋友，謝謝你，我不吃糖。」

沒想到這小孩竟然說：「我又不是對你講，我是對你的驢講！」

路人聽到了都哈哈大笑。原本以為老人會因為丟臉而生氣，沒想到他一愣，隨即舉起手拍了一下驢說：「你這壞傢伙，剛才我問你在城裡有沒有驢朋友，你還撒謊說沒有，壞蛋！」

他又打了驢一下，在路人嘲笑那小孩的笑聲中，得意地走了。

人必自辱，而後人辱之。一個侮辱別人的人必定不尊重自己，如果他很尊重自己，就不會去侮辱人，因為在我們侮辱別人時，自己也同時被侮辱……

告訴大家幾則趣聞：

有一次，阿凡提去市集買毛驢，賣驢得地方擠滿了鄉下來的農民。

有個衣冠處處的人經過，不屑地說道：「這個地方不是農民，就是毛驢。」

阿凡提聽了，上去問那人說：「先生，你是農民嗎？」

「不，我不是農民。」

「那你是什麼呢？」

「……」

要笑別人「驢」，自己反「成了驢」。

孔融在六七歲時便聰明過人，能回答許多難題，許多有才學的大臣也給難倒了。

有一次，許多人都當著孔融的面誇獎他，但有一個姓陳的大夫卻說：「小時候聰明的人，長大後不一定有出息。」

孔融應聲答道：「想必大人小時候，也是很聰明的！」

這下是誰沒出息？這就是以其人之道還治其人之身。

有一個女人剛住進一座寬敞的豪宅，她碰到一個她認識的女人，就住在她家圍牆邊的一個小茅屋。

「歡迎來到我們這個小社區。」那個住在小茅屋的女人向她道賀。

那個新來的女人趾高氣昂地回答說：「請你不要跟我說話，我從來不跟比我差的人說話。」

「真的嗎？」那個住在小茅屋的女人笑著答道：「在這個世界上真的有比你差的人嗎？」

尊重是別人給的，臉是自己丟的。你不給人家臉，人家就讓你丟臉。

生命有一個根本的法則：無論你對別人做出什麼樣的事情都會回到你的身上。如果你咒罵，那個咒罵將會回到你身上；如果你總是擺一張臭臉，別人也不會給你好臉色；如果你用力把別人推倒，沒錯，那別人不是回罵你一頓，就是會回推你一把……

一位貴族夫人傲慢地對法國作家莫泊桑說：「你的小說沒什麼了不起，不過說真的，你的鬍子倒十分好看，為什麼要留這麼大的鬍子呢？」

莫泊桑淡淡地回答：「至少能給那些對文學一竅不通的人，有一個讚美我的東西。」

俄國文學家克雷洛夫長得很胖，而且老愛穿黑的衣服。有一次，他身穿黑衣服外出散步，遇到兩個浪蕩公子。其中一個指著身穿黑色長袍的克雷洛夫，大聲對同伴說：「看，前面來了一朵烏雲！」

克雷洛夫應聲回道：「怪不得蛤蟆開始叫了！」簡潔有力，一錘定音，那位浪蕩公子想羞辱別人，反而自取其辱。

另有一次俄羅斯著名馬戲丑角演員杜羅夫舉行觀摩演出，中途有一觀眾無禮地向杜羅夫問：「作為馬戲班中的丑角，是不是只要有一張愚蠢而醜怪的臉蛋，就會受到觀眾歡迎？」

「我想是這樣。」杜羅夫輕鬆地回道：「如果我能有一張像先生您那樣的臉蛋，我一定可以更受到觀眾的歡迎。」

這又是自食惡果，自取其辱，不是嗎？

想搬石頭砸別人的腳，不小心就會砸到自己的腳；想拆別人台的人，不小心自己會摔下台。

清朝宰相紀曉嵐有個大家都不陌生的故事。

話說紀曉嵐擔任禮部侍郎的時候，一天尚書和御史連袂來訪。聊著聊著，突然外頭跑來一隻狗。尚書心中突生一計想取笑紀曉嵐，便道：「咦，你們瞧那是狼是狗？」（侍郎是狗）

紀曉嵐知道尚書在捉弄他，當下也不動聲色的說：「要分辨狗或狼有兩種方法。一種是看牠的尾巴，尾巴下垂的是狼，上豎是狗。」（尚書是狗）

一旁的御史大笑道：「哈哈，我還道那是狼是狗呢，原來上豎是狗，哈哈，哈。」

此時紀曉嵐不慌不忙的接著又說道：「另一種分辨的方法就是看牠吃什麼。狼是非肉不食，狗則遇肉吃肉，遇屎吃屎。」（御史吃屎）這下子連御史也噤聲無言了。

想貶低別人，卻被貶更低。想給別人難看，結果自己更難堪。

卡內基的黑幼龍先生曾說過一則故事：教堂裡，有個爸爸帶了家人來做禮拜。他們總是坐在第一排，可是這爸爸一進教堂就睡覺，而且睡相十分難看。

有一天，牧師想好好整他一下。於是，在講道中，牧師很小聲地插了句話：「要上天堂的請站起來！」大家都站起來，牧師再請大家坐下。然後，他突然大聲地問：「要下地獄

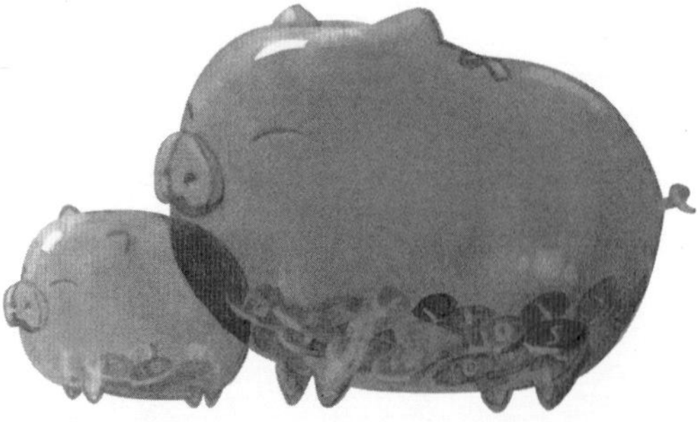

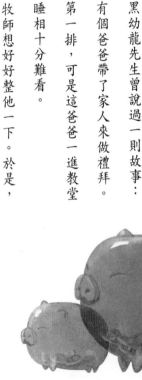

地站起來！」

這個爸爸本來在睡覺，聽到聲音馬上站起來。牧師很得意，心想：「哼！這下你糗大了。」

爸爸抓抓頭，看看旁邊，發現只有他一個人站著，他一臉疑惑地問牧師說：「我不曉得你在表決什麼事情，不過，為什麼只有你跟我是起立贊成的？」

沒錯，壓低別人，不可能抬高自己。給別人挖洞的人，自己也可能掉進洞裡，可不是嗎？

會心一得：

有一對夫妻，正研究著他們剛貼好的壁紙。丈夫對剛貼好的壁紙不甚滿意，而妻子卻覺得無所謂。

為此，丈夫十分生氣，他對妻子說：「會有這種情況的出現，就在於我是個要求完美的人，而你卻不是。」

「說得對極了。」妻子回答道，「這就是為什麼你娶了我，而我嫁給了你。」

一個把別人壓低的人，自己也不可能站在高處。

賣…豆…腐…！

——習慣會成為習慣就是因為你已經習慣了，這才是最可怕的。

人是習慣的動物，當言行舉止一再重複之後，就會成為固定的習慣。等到我們覺察自己有這種壞習慣時，大多人早已改不掉了。

甲、乙、丙三人躲在廁所裡抽煙，丁在外把風，突然教官來抓人，丁通知廁所內的三人，三人立刻把煙丟掉拿出棒棒糖來吃。

教官進了廁所，懷疑三人有抽煙，又苦無證據，便開始觀察三人的動作。

甲拿棒棒糖的姿勢是用食指與中指夾的，一下就被教官抓住了。

乙想，那有這麼笨的人，他拿棒棒糖的樣子就很正常，但他發現甲一下子就被抓，暗地偷笑，一不小心習慣性的拿棒棒糖彈了一下煙灰，於是乙也被抓了。

至於丙真的太正常了，沒有拿煙、彈煙灰的動作，教官對他幾乎放棄，已準備走人了，他突然想到一個方法，他走了幾步，突然回過頭來大叫「教官來了!教官來了!」

只見丙匆匆忙忙的將棒棒糖丟在地上，用腳很用力的想把它踩熄……

這就是習慣。

塞默．強森（Samuel Johnson）說得對：「待我們覺察習慣的存在時，它已根深柢固了。」

沒錯，習慣成自然。同樣的話說慣了就成了「口頭禪」，同一個工作做久了就會有「職業病」；同一個行為重複出現，就會變成一種「慣性」……

兒子：「媽媽，隔壁的王伯伯死了！」

母親：「真該死！這樣的好人怎麼會死了呢？」

這就是「口頭禪」。

小弟國小剛升上三年級，舉行一次月考。

姐姐問：「數學考得怎麼樣？」

小弟說：「考得不錯，只有一題三乘七是多少？我還沒學過乘法，只會加減。」

姐姐問：「你答了沒有？」

小弟輕鬆的說：「管它三七二十一，我答十五。」

英國桂冠詩人德萊敦說：「首先我們養出了習慣，隨後習慣養出了我們。」同一個言行重複出現，就會變成「習慣性」。

有個總編來到辦公室的時候，發現夜班編輯愁眉苦臉，關切地問他：「你怎麼了，不舒服嗎？」

夜班編輯說：「不是。昨天晚上，我接到了一份遠方來的通知，說我繼承了我叔父的一大筆遺產。可是我順手在通知上寫道：『來稿退回，謝謝。』然後寄走了。」

這就是「職業病」。

我聽說，有個失業的廚師找到一份火葬場的工作，他想他應該架輕就熟，沒想到卻被馬上開除，原來他老是習慣問家屬說：「請問，你們要烤幾分熟？」

我們所有的言行舉止說穿了都是習慣使然。一旦習慣成自然，你就無法察覺到，你會自然而然……

有一對夫婦在睡覺，大約清晨三點鐘的時候，他太太夢到她跟另外一個男人祕密約會，然後她夢到說她先生出現。

在睡夢中，她尖叫：「我的天啊！是我先生！」

這時，她先生突然醒來跳出窗外。（註：她先生以為他是跟另外的女人在睡覺。）

所以，壞的習慣是很可怕的。

柏拉圖曾告誡一個遊蕩的青年說：「一種習慣養成後，就再也無法改變過來。」

那個青年回答：「逢場作戲有什麼關係呢？」

柏拉圖立刻正色說道：「不然，同一件事一再嘗試，就會逐漸成為習慣，那就不是小事啦！」

像壞脾氣、彎腰駝背、找藉口、抽煙、賭博、吸毒、口頭禪……

在開始時，都是不經意的，然而當習慣一旦養成，我們就會習以為常，這才是最嚴重的。

在民國初年，浙江紹興有個姓張的富人家的兒子要結婚，要找一個聲音特別宏量的人，來當司儀。

他們好不容易在街上找到了一個賣豆腐的小販。那小販在叫喊「賣豆腐」時，聲音高亢宏亮，真是找遍整個紹興也難找到。

張府的管家拿了五塊大洋，叫那小販幫忙當司儀。

小販搖搖頭說：

「我連大字都不識一個，只會叫喊『賣豆腐』，哪會當司儀？」

管家說：「不要緊，不要緊。舉行婚禮當天，我站在你旁邊，我先小聲說，你再照我說的大聲喊就可以。」

經過管家的再三勸說，小販總算答應了。

結婚那天，廳堂裏擠滿了人。在一陣鑼鼓鞭炮聲中，婚禮儀式開始了。

管家偷偷地站到小販身後，輕聲說：

「新郎新娘一拜天地！」

小販馬上大聲叫喊道：「新郎新娘一拜天地！」

喊聲蓋過鑼鼓聲，真是氣勢不凡，主人聽了非常高興。

接著，管家又小聲說：「二拜高堂。」

誰知「堂」字剛落，旁邊酒桌下有兩隻狗，為了爭吃骨頭打了起來。

管家一驚，急忙罵道：「畜生！」

小販聽後，扯起喉嚨就喊：「二拜高堂，畜生！」

全場的人一聽，大家都哄堂大笑。管家慌了手腳，氣呼呼地對小販說：「你喊原來的，你喊原來的話。」

小販一愣，不知管家這句話是什麼意思。以為是要喊原來的本行話，便習慣地大喊起來：

「賣……豆……腐……！」

這下可真亂了手腳。什麼，司儀是來推銷豆腐。

會心一得：

尼爾：「我坐火車從來不買票。別人會給我票。」

朋友：「那你是怎麼拿到票的呢？」

尼爾：「我到了車上，差不多的時候，就到火車的廁所邊向裡面叫，『查票了，查票了，把票快拿出來。』裡面的人就會把票遞出來，我拿了票就走。」

習慣會成為習慣就是因為你已經習慣了，那才是最可怕的。習慣成自然。